L'ÉDUCATION

SELON LA DOCTRINE PÉDAGOGIQUE

DE

CONDILLAC

THÈSE

POUR LE DOCTORAT D'UNIVERSITÉ

Présentée devant la Faculté des Lettres de l'Université de Grenoble
le 29 juin 1903

PAR

James - L. MANN

Ancien élève d'Emory College et de l'Université de Berlin
Inspecteur des Écoles, Florence (Caroline du Sud, États-Unis)

GRENOBLE
IMPRIMERIE ALLIER FRÈRES
26, Cours de Saint-André, 26

1903

L'ÉDUCATION

SELON LA DOCTRINE PÉDAGOGIQUE

DE

CONDILLAC

L'ÉDUCATION

SELON LA DOCTRINE PÉDAGOGIQUE

DE

CONDILLAC

THÈSE

POUR LE DOCTORAT D'UNIVERSITÉ

Présentée devant la Faculté des Lettres de l'Université de Grenoble
le 29 juin 1903

PAR

James - L. MANN

Ancien élève d'Emory College et de l'Université de Berlin
Inspecteur des Écoles, Florence (Caroline du Sud, États-Unis)

GRENOBLE
IMPRIMERIE ALLIER FRÈRES
26, Cours de Saint-André, 26

1903

À MONSIEUR GEORGES DUMESNIL

PROFESSEUR DE PHILOSOPHIE A L'UNIVERSITÉ DE GRENOBLE

A MONSIEUR J. DE CROZALS

DOYEN DE L'UNIVERSITÉ DE GRENOBLE

et

A BISHOP W. A. CANDLER, D.D., LL. D.

ATLANTA, GEORGIA

HOMMAGE TRÈS RESPECTUEUX

BIBLIOGRAPHIE

CONDILLAC. — Œuvres complètes (23 vol.), Howel, Paris, 1798.

MONTAIGNE — Essais, Rocolet, Paris, 1625.

GOGUET. — Origine des Lois, des Arts et des Sciences et leur progrès chez les anciens peuples (3 vol.), Desaint et Saillant, Paris, 1758.

DU MARSAIS. — Principes de Grammaire (3 vol.), Didier, Paris, an VIII.

DUCLOS. — Œuvres complètes, Colnet, Paris, 1806.

FLEURY. — Traité du choix et de la méthode des études, Janet, Paris, 1822.

SAINT-SIMON. — Mémoires, Paris, 1856.

D'ARGENSON. — Journal et Mémoires, Renouard, Paris, 1859.

COUSIN. — Du Vrai, du Beau et du Bien, Didier, Paris, 1860.

ROLAND. — Mémoires, Barrière, Paris, 1863.

BONNEMÈRE. — Histoire des Paysans, Paris, 1866.

BARBIER. — Chronique de la régence et du règne de Louis XV (2 vol.), Paris, 1866.

CHAIGNET. — Vie de Socrate, Didier, Paris, 1868.

ROLLIN. — Traité des études (3 vol.), Letronne, Paris, 1872.

LANTOINE. — Histoire de l'enseignement secondaire en France, Paris, 1874.

MONTESQUIEU. — Œuvres, Garnier, Paris, 1875.

TAINE. — Les origines de la France contemporaine, Hachette, Paris, 1877.

SPENCER. — L'Éducation intellectuelle, morale et physique, Germer-Baillière, Paris, 1878.

COMPAYRÉ. — Doctrines de l'éducation (2 vol.), Hachette, Paris, 1881.

MUTEAU. — Les Écoles et Collèges en province depuis les temps les plus reculés jusqu'en 1789, Marescq, Paris, 1882.

MARION. — Leçons de psychologie appliquées à l'éducation, Colin, Paris, 1882.

BIBLIOGRAPHIE.

COUSIN. — *Histoire générale de la Philosophie depuis les temps les plus anciens jusqu'au XIX* siècle*, Didier, Paris, 1884.

HOBHOUSE. — *The theory and practice of education*, Blackwell, Oxford, 1885.

BIZOS. — *Fénelon éducateur*, Lecène, Paris, 1887.

CHAIGNET. — *Histoire de la Psychologie des Grecs*, Hachette, Paris, 1887.

PREYER. — *L'âme de l'enfant*, Germer-Baillière, Paris, 1887.

PEREZ. — *L'art et la poésie chez l'enfant*, Germer-Baillière, Paris, 1888.

QUINET. — *Le vrai dans l'éducation*, Lévy, Paris, 1891.

SENAC DE MEILHAN. — *Le gouvernement, les mœurs et les conditions en France avant la Révolution*, Poulet-Malassis, Paris, .s. d.

DRUON. — *Éducation des princes dans la maison des Bourbons de France* (2 vol.), Lettheilleux, Paris, s. d.

CARRÉ. — *La France sous Louis XV, 1723-1774*, Quantin, Paris, 1892.

DEWAULE. — *Condillac et la psychologie anglaise contemporaine*, Alcan, Paris, 1892.

BAIN. — *La science de l'éducation*, Alcan, Paris, 1894.

PEREZ. — *L'Éducation intellectuelle dès le berceau*, Alcan, Paris, 1896.

MILTON. — *Tractate on Education*, Cambridge University Press, 1897.

LOCKE. — *Conduct of the human Understanding, Fowler*, Clarendon Press, Oxford, 1901.

DUMESNIL. — *Pour la Pédagogie*, Colin, Paris, 1902.

LOCKE. — *Some thoughts on Education, Quick*, Cambridge University Press, 1902.

LAURIE. — *Educational aims from the Renaissance*, Cambridge University Press, 1903.

PREMIÈRE PARTIE

La doctrine d'éducation de Condillac

I

En tête des éducateurs du XVIIIe siècle, qui comprirent que les méthodes employées pour l'éducation de la jeunesse ne répondaient plus aux besoins de l'époque, se trouve Étienne Bonnat de Condillac.

Condillac naquit à Grenoble en 1715. Suivant les traditions de sa famille, il s'était destiné à l'état ecclésiastique, mais, pour des raisons que nous ne connaissons pas, il abandonna son ministère et s'adonna tout entier à la philosophie. Il se borna seulement à la spéculative, évitant, avec un soin scrupuleux, de toucher à la théodicée et à la morale qui étaient, à cette époque, les sujets les plus en vogue auprès des philosophes.

Quoique très modéré dans ses opinions et d'une conduite très réservée, son œuvre ne le fait pas moins considérer comme le véritable métaphysicien de la France au XVIIIe siècle.

On le connaît surtout comme le fondateur du sensualisme en France, mais il y a de sérieuses raisons pour douter du bien fondé de cette allégation et on est autorisé à croire qu'il n'a pas accepté dans leur totalité les doctrines du sensualisme.

Il ne fut, certes, pas non plus un matérialiste, car il insiste toujours sur ce fait que les sensations ont leur

1

siège dans l'âme, et non dans les organes physiques.
« Il ne peut y avoir que du mouvement dans les organes, et, cependant, une sensation, quoique produite
à l'occasion du mouvement, n'est pas ce mouvement
même. *Les sensations ne sont donc pas dans les organes*[1]. »

Il définit fort exactement la psychologie et la philosophie et montre aussi clairement que possible quels
en sont les divers éléments, même certaines de ses
idées peuvent presque justifier la place que l'on pourrait lui donner parmi les idéalistes. En effet, il a une
tendance marquée à ne considérer nos sensations que
comme des modifications de nous-mêmes purement sub-
jectives, et il va jusqu'à affirmer que nous ne connaissons jamais que notre propre pensée. Rappelons-nous
seulement le passage de Condillac qui, selon Diderot, le
rapprochait de Berkeley : « Soit que nous nous éle-
vions jusque dans les cieux, soit que nous descendions
jusque dans les abîmes, nous ne sortons point de nous-
mêmes, ce n'est jamais que notre propre pensée que
nous apercevons. »

C'est probablement à cause de l'idée qui résulte de
ses principes de philosophie sensualiste que ses œuvres
sont restées dans l'ombre et presque inconnues, pendant la période de ces dernières années, dans un siècle
remarquable, cependant, par des hommes de grande
intelligence, se rattachant à l'école idéaliste.

Acceptant, sans la discuter, l'opinion que Condillac
était un sensualiste, ils ont condamné les ouvrages où
il traite de pédagogie sans leur prêter l'attention dont
ils sont dignes ni en faire l'étude qu'ils méritent.

Mais admettons, si l'on veut, que Condillac ait été
un sensualiste ou un matérialiste, il ne s'ensuit pas que
ses doctrines en matière pédagogique dussent être abso-

---

[1] *Précis des leçons préliminaires*, p. CVIII.

lument fausses. Locke, que Condillac admira beaucoup
et dont on peut facilement discerner l'influence dans les
premiers ouvrages qu'il a publiés, mais dont il s'écarta
dans ses dernières années, fait aujourd'hui, cependant,
autorité en matière d'éducation. Son ouvrage, bien
connu, l'*Éducation des Enfants,* est encore presque
aussi estimé que vers 1693, et pourtant Locke est,
personne n'en doute, le fondateur de l'école sensualiste.

Quelle qu'ait été la croyance de Condillac, quelle
qu'ait été l'école à laquelle il appartient, c'est comme un
philosophe qu'il nous est ordinairement présenté : on
lit ses ouvrages de philosophie et l'on oublie son œuvre
la meilleure et la plus importante, qui est son aperçu
sur l'éducation et son *Cours d'Études.*

Dans les diverses histoires de la philosophie on
trouve quelques pages où sont discutées ses doctrines
philosophiques, et quelques lignes seulement sont ac-
cordées à ses principes pédagogiques. Dans presque
tous les dictionnaires biographiques, on ne parle pas
de Condillac comme éducateur, et ceux qui le rappellent
insinuent qu'il ne réussit pas dans cette tâche, parce
qu'il ne put pas faire un homme distingué du prince de
Parme, le seul élève qui lui ait été confié. Mais alors
ne faudrait-il pas également reprocher à Bossuet son
expérience sur un certain cousin de ce même prince, lui
aussi membre de la grande maison des Bourbon ?

Les critiques puériles dirigées contre Condillac par
des hommes qui auraient dû mieux le connaître ont été
la cause que Condillac est resté presque inconnu comme
éducateur.

Une étude consciencieuse et approfondie de ceux qui
ont prétendu étudier sa pédagogie peut nous montrer
qu'ils n'ont pas du tout compris l'esprit de l'homme ou
qu'ils n'ont pas eu l'impression exacte qui devait res-
sortir de son œuvre. Condillac lui-même semblait avoir

prévu ce résultat, quand il disait : « Ceux qui jugeront superficiellement de la méthode que j'ai suivie auront de la peine à comprendre[1]... »

Nous nous proposons de considérer ses méthodes avec tout le soin qui est nécessaire pour arriver à une conclusion impartiale.

Quand Condillac fut appelé à faire l'éducation du prince de Parme, petit-fils de Louis XV, il avait quarante-deux ans et il avait consacré toute sa vie à l'étude et à la méditation. Pendant cette période, il semble avoir travaillé sans relâche, et quand ses ouvrages philosophiques parurent, il fut facile de reconnaître derrière l'œuvre l'homme et l'esprit qui l'avaient conçue. Ce fut la raison qui lui fit confier l'éducation du prince.

En fait, nous avons de bonnes raisons de croire que, pendant toute sa vie, il fut heureux d'avoir l'estime des savants et des philosophes. Quand l'Académie le reçut au nombre des quarante (longtemps après qu'il eut fait ses preuves comme éducateur), l'abbé Batteux lui adressa cet éloge frappant et certes bien mérité :

« Avec quel succès vos observations se sont portées non plus sur cette statue animée par une fiction aussi ingénieuse que philosophique, mais sur une de ces âmes privilégiées, qui renferment les germes du bonheur des nations[2]. »

Nous commencerons par dire que Condillac fut au moins un homme d'une grande culture d'esprit et d'une grande bonté de cœur, et personne ne peut affirmer que ses doctrines, qu'elles soient fausses ou vraies, proviennent du désir de paraître original ou unique en son genre. On ne peut pas dire, non plus, qu'il permit à l'ambition d'avoir la moindre influence sur ses actes,

---

[1] *Motif des leçons,* p. LXIV.
[2] Compayré, *Doctrine de l'éducation,* vol. II, p. 150.

car le désir de s'élever ne semble pas avoir eu de prise
sur lui, et, en effet, après sa réception à l'Académie,
il se retira complètement de la vie publique, et quand
Louis XVI lui demanda de se charger de l'éducation des
enfants de France, il refusa.

Comme nous l'avons déjà dit, les méthodes d'éducation mises en vigueur au XVIIe siècle ne satisfaisaient
pas Condillac, mais, pourtant, il ne voulut pas se poser
en réformateur violent comme le furent plusieurs de ses
contemporains.

Il se contentait seulement de dire : « Quand nous
sortons des écoles nous avons à oublier beaucoup de
choses frivoles qu'on nous y a apprises, à apprendre
des choses utiles qu'on croit nous avoir enseignées
et à étudier les plus nécessaires, sur lesquelles on n'a
pas songé à nous donner des leçons. »

Quand il assuma la responsabilité de l'éducation du
prince, son plan était déjà tout tracé. C'était, pour lui,
une occasion de mettre en pratique les doctrines qu'il
professait : il eut le double honneur de découvrir le système et de l'appliquer.

Le premier principe de Condillac était que le maître
doit se conformer à un plan systématique. Ce principe,
qui maintenant nous paraît tout à fait banal, à cause
de son application fréquente, était alors une doctrine
toute nouvelle en matière de pédagogie. Même chez les
précepteurs les plus célèbres des princes, et nous parlons des Bossuet et des Fénelon, on ne pourrait trouver
un plan aussi bien défini, quelles que soient, d'ailleurs,
les raisons que l'on puisse invoquer en faveur de leurs
intentions. Condillac prétend que le but de l'instruction
doit être d'apprendre aux hommes à penser. Il rejette
le système appliqué alors, qui obligeait les enfants à un
travail de mémoire trop considérable, et il déclare avec
emphase : « Je conviens que l'éducation qui ne cultive
que la mémoire peut faire des prodiges et qu'elle en

fait, mais ces prodiges ne durent que le temps de l'enfance... Celui qui ne sait pas par cœur ne sait rien.....
D'ailleurs, ce n'est pas sur les enfants qui sont nés avec
d'heureuses dispositions que cette méthode a le plus
de succès. Ils ont, au contraire, un éloignement naturel pour des études où la réflexion n'a point de part et
où la mémoire ne se remplit que des mots. Aussi mon-
trent-ils peu de talents, et si, par la suite, ils se dis-
tinguent, c'est qu'ils ont eux-mêmes recommencé leur
éducation. Mais combien d'inutilités ont-ils à oublier !
combien d'idées fausses à corriger ! quel travail pour
se débarrasser des entraves où l'on a tenu les facultés
de leur âme ! et quels obstacles au développement et au
progrès de leur raison[1] ! »

Quoiqu'il ne fût pas d'avis de négliger la mémoire,
il ne voulait cependant lui donner que son importance
réelle dans l'éducation. Il invoquait le principe de pédagogie, que la mémoire peut se cultiver, car, dit-il, si un
enfant a une certaine faculté de mémoire, elle peut être
considérablement augmentée par la pratique. « Ce n'est
pas qu'on doive négliger la mémoire : mais si l'éducation qui se bornerait à la cultiver est d'autant plus
mauvaise qu'elle ne cultiverait, en effet, que cette
faculté; celle qui paraîtrait la négliger l'exercerait
encore assez, lors même qu'elle s'occuperait uniquement
de la réflexion..... Celui qui ne sait que par cœur ne
sait rien en quelque sorte; et ce qu'il a oublié, il ne le
retrouve plus, ou du moins il ne peut s'assurer de le
retrouver[2]. »

Il dit aussi que dans la culture de la mémoire il
faut éviter avec le plus grand soin tout effort méca-
nique, et quand un élève a de la prose à apprendre, le
maître ne doit pas exiger qu'il lui récite le texte mot à

[1] *Discours préliminaire*, p. XIII.
[2] *Id.*, p. XIV.

mot. Il ajoute qu'il ne faut jamais forcer un élève à apprendre par cœur ce qu'il ne comprend pas d'une façon parfaite. L'on peut facilement se rendre compte par cette dernière idée qu'il réduit le travail de la mémoire à un acte de *réflexion*.

Mais dans cette culture de la mémoire il soutient aussi cette théorie judicieuse, que l'association des idées est le principe de la mémoire. « La liaison des idées est le principe de la mémoire ; elle est, pour ainsi dire, l'unique ressort de la pensée. C'est elle qui lui donne une rapidité qui nous étonne, et c'est par elle que l'imagination fait, avec promptitude, une multitude de combinaisons[1]. »

En effet, il attache une grande importance à l'association des idées qui, selon lui, remplit trois rôles principaux :

1º C'est le ressort de la pensée ou le directeur de la mémoire ;

2º C'est dans l'association des idées que l'imagination est née et qu'elle a acquis ses propres fonctions ;

3º C'est un gouverneur, ou contrôleur de la pensée. Ces liaisons, dit-il, lorsquelles deviennent familières, sont autant d'habitudes auxquelles la pensée obéit, sans aucune réflexion de notre part.

En préconisant les bienfaits réalisés par l'association des idées, Condillac se montra beaucoup en avance sur ses contemporains ; et, de plus, il s'est exprimé si clairement et avec une telle autorité qu'il n'y a rien à ajouter à ses doctrines. « Comme le corps paraît se mouvoir par instinct lorsqu'il obéit à ses mouvements d'habitude, de même l'âme paraît penser par inspiration lorsqu'elle obéit à ses liaisons d'idées. L'un et l'autre doivent à leurs habitudes toutes les grâces et tous les talents dont ils sont susceptibles[1]. »

[1] *Discours préliminaire*, p. XXV.
[2] *Id.*, XXV.

Plus loin, il affirme que le bon ou le mauvais goût proviennent de l'association des idées, prise dans son sens le plus large. Le goût est le résultat de plusieurs idées liées entre elles, sans que nous en ayons conscience. C'est une vérité certaine dans l'art et parmi les *fashionables*.

Le talent de goûter une œuvre d'art ne dépend pas du jugement, mais de la conception du beau, et cette conception vient de l'association d'un certain nombre d'idées. Les idées que se font les habitants des campagnes, en fait de coquetterie, ne correspondent pas du tout aux idées de nos jeunes Parisiens — et cela non pas parce que les premiers ont moins de jugement que les autres, mais parce que leurs manières de penser, leurs associations d'idées ne sont point les mêmes.

Il semble, alors, qu'il n'y ait pas de raison pour que ce principe ne soit pas vrai en littérature. La faculté d'apprécier le beau ou le laid en littérature provient beaucoup plus de l'association des idées que du jugement. L'influence de Locke est ici des plus manifestes sur Condillac, car, dit-il : « La folie vient uniquement de quelques associations d'idées, c'est-à-dire de quelques faux jugements, d'après lesquels nous nous sommes fait une habitude de juger. Ce sont de pareilles associations qui nous font un mauvais goût et un esprit faux. Le goût se forme d'après les habitudes que nous avons contractées. Il n'est que le résultat de plusieurs idées que nous avons liées; et ces liaisons conservent en nous des modèles que nous n'examinons plus et d'après lesquels nous jugeons rapidement du beau. »

Étant fermement convaincu, alors du rôle important que joue l'association des idées dans la formation du goût littéraire, Condillac ajoute que l'on doit avoir, en

---

¹ Cité par Condillac, *Disc. pr.*, p. XXII.

général, pour objet de faire prendre de bonnes habitudes à l'esprit de l'élève, de lui donner, par conséquent,
des idées de toutes sortes d'espèces, de l'accoutumer à
les lier et de le garantir des fausses liaisons.

Partant de ce principe, il a considéré l'éducation
comme le développement régulier de l'intelligence.
Telles sont ses idées sur la mémoire et l'association des
idées.

Mais quelle que soit l'importance qu'il y ait attachée,
c'est cependant à la réflexion personnelle qu'il assigne
la plus grande place dans son système. Pour lui, il croit
que l'enfant, suspendu encore au sein de sa mère, commence déjà à raisonner. « Il est démontré que la faculté
de raisonner commence à se développer, et nous
n'avons de bonne heure l'usage de nos sens que parce
que nous avons raisonné de bonne heure [1]. »

Mais à ce moment surgit une difficulté : les facultés
de raisonnement employées pour arriver à une conclusion sont-elles les mêmes chez un enfant que chez un
homme en possession de tous ses moyens? A première
vue on répondrait par la négative. Il est certain que les
conclusions auxquelles ils arrivent ne sont pas les
mêmes, mais en aboutissant à ces conclusions, quelles
qu'elles soient d'ailleurs, leurs facultés d'entendement
sont-elles les mêmes?

Il est bien certain que pour aboutir à cette conclusion,
un homme pourra se servir de toute son expérience
acquise. Il peut remarquer que, avec les hypothèses
données, tels résultats ont presque toujours été obtenus
et, son expérience l'aidant, il agira en conséquence.
L'enfant n'a pas cette expérience, mais grâce à la pure
faculté du raisonnement, il commence à se former des
conclusions et de jour en jour sa propre somme d'expé-

---

[1] *Motif des leçons préliminaires*, p. LI.

rience ira en s'augmentant. Si un tout petit enfant,
incapable de s'exprimer par des mots, obtient aujour-
d'hui un objet en poussant un cri, il est très probable
qu'il poussera de nouveau le lendemain ce même cri,
si l'on lui présente cet objet.

Quelle peut être la signification d'un cri? C'est, si on
veut l'analyser, le langage commun à tous les êtres de
la nature, pour exprimer leur malaise physique, c'est
une obligation de la nature pour la conservation de
chaque genre. Le petit moineau aux ailes brisées exprime
éloquemment sa souffrance, le jeune lionceau affamé
fait connaître son mal dans la même langue, et c'est
encore la nature qui parle à travers les gémissements
provoqués par la souffrance chez le petit enfant. Nous
pouvons donc dire qu'un cri n'est autre chose que la
voix de la nature.

Mais, en observant qu'à cause de son cri l'on sou-
lage ses douleurs physiques, l'enfant apprendra vite à
se servir de ce langage pour exprimer son ennui
quand quelque chose viendra le contrarier. Né avec
une voix, avec une grande aptitude d'observation et
une nature perverse[1], il arrive rapidement à des conclusions qui ne manquent pas de *logique*. Il acquiert du
moins rapidement la signification du mot « c'est pourquoi ». « L'âge de raison est donc celui où l'on a
observé, et, par conséquent, la raison viendra de bonne
heure si nous engageons les enfants à faire des observations[2]. »

M. Preyer dit : « Pourquoi donc chez l'enfant bien
constitué l'association logique des idées ne commen-
cerait-elle qu'au moment où il parle ou apprend à parler ?
S'imaginant qu'il ne pense plus sans mots, l'homme
adulte tombe aisément dans l'erreur et conclut que per-

---

[1] L'idée d'une nature perverse ne se trouve pas chez Condillac.
[2] *Discours préliminaire,* p. IV.

sonne, pas même lui, ne peut penser avant de savoir
parler. La vérité est que ce n'est pas la parole qui a
engendré l'intelligence, mais c'est l'intelligence qui a
inventé la parole, et, actuellement encore, l'enfant qui
vient de naître apporte avec lui dans le monde beaucoup plus d'intelligence que de talent pour un langage
quelconque [1]. »

En 1867, M. Oehlwien, directeur de l'institut pour
l'éducation des sourds-muets de Weimar, dit : « Le
sourd-muet, pendant ses *premières années,* voit, tourne
et touche les objets qui l'attirent de toute part, il se
rapproche des objets éloignés, tout comme l'enfant doué
de tous ses sens, il en retire des sensations, des idées
de sensations et une foule de remarques sur les objets
eux-mêmes, qu'il compare entre elles ou avec des remarques sur d'autres objets, mais qu'il rapporte toujours
à l'objet dont il est occupé. Aussi a-t-il une notion plus
ou moins nette de l'objet, selon qu'il a observé et comparé avec plus ou moins d'attention et qu'il a plus ou
moins bien saisi. De la même façon que cet objet a agi
sur lui, par l'intermédiaire de la vue et du toucher, il
le représente aux autres hommes en employant les signes caractéristiques pour la vue et indirectement pour
le toucher [2]. »

Appliquant ce principe à l'éducation, Condillac ajoute :
« Qu'on dise à un enfant, on vous *punira* si vous n'êtes
pas sage ; il pourra répondre : mais si je le suis on me
récompensera ; jugeant que, puisque de punir on fait
punira, on doit faire de récompenser *récompensera.*
Nous voyons que les enfants commencent de bonne
heure à saisir les analogies du langage. S'ils s'y trompent quelquefois, il n'en est pas moins vrai qu'ils ont

[1] Preyer, *L'âme d'un enfant,* p. 314.
[2] Cité par Preyer, *L'âme d'un enfant,* p. 306.

raisonné; mais dans la pratique il n'y a pas autant de
logique qu'il y en a dans leur propre intelligence.
Souvent même nous ne pouvons refuser d'applaudir à
leur esprit, lors même qu'ils font des fautes ; c'est que
ces fautes mêmes supposent des raisonnements dont
nous ne les jugions pas capables..... Cependant le raisonnement est tout à fait dans l'esprit avant qu'il soit
énoncé. L'expression ne le fait pas, elle le suppose, et
on ne l'exprimerait pas si on ne l'avait pas déjà fait[1]. »

La conclusion que tire, plus haut, Condillac ne sera
pas acceptée par tout le monde ; mais pourquoi ? L'enfant apprend à parler soit grâce à la raison soit par
hasard. Il serait tout aussi absurde de soutenir que le
langage est un produit fortuit que de dire que les lettres
de l'alphabet se sont arrangées d'elles-mêmes pour
former les mots. On ne peut détacher ces lettres les
unes des autres pour les placer dans une boîte et, après
les avoir remuées, former, au hasard, des mots et des
phrases. Dans les vingt-cinq petites lettres de l'alphabet se trouvent renfermés tous les mots du langage, toutes les expressions élégantes ou polies, tous
les arguments logiques et convaincants, mais ces lettres
n'ont pas pris l'habitude de s'arranger d'elles-mêmes
pour faire ces expressions.

De même, le petit enfant a le pouvoir de faire vibrer
ses cordes vocales ainsi que tous les organes qui l'ai-
deront à parler, cependant il ne semble pas qu'il y ait
là un travail automatique ou accidentel pour former les
phrases qui exprimeront ses sentiments. Les petits animaux ont aussi des cordes vocales, mais ils ne peuvent
pas, avec cet organe, créer, même accidentellement, un
langage. C'est ainsi que Condillac soutient que la raison
se démontre d'elle-même chez les enfants : « Mais,
demandera-t-on, lorsqu'un enfant dit : de *punir* on fait

---

[1] *Motif des leçons*, p. LIV.

punira, donc de *récompenser* on doit faire *récompensera,* est-ce là raisonner? Je réponds que toute l'essence
du raisonnement consiste dans cette conséquence que
nous exprimons par *donc*[1]. »

Certains hommes[2] de notre époque sont fort surpris
quand Condillac dit que la raison employée par Newton,
homme, pour découvrir les lois de la gravité des corps,
n'était autre que la raison dont Newton se servit pour
apprendre à parler ou à toucher ce qui l'entourait.
« Newton, dit-il, qui développait le système du monde, ne
raisonne donc pas autrement que Newton qui apprenait à
toucher, à voir, à parler; il ne raisonnait pas autrement
que Newton, qui développait ses propres sensations.
Tous deux observaient, tous deux comparaient, tous
deux jugeaient. L'âge a seulement changé l'objet des
études, mais le raisonnement de la part de l'esprit a toujours été la même opération[3]. »

Ce n'est donc pas « une erreur pratique qui ten-
drait à faire de bambins de sept à huit ans des logiciens
et des psychologues[4] », et il n'y a donc point de raison
pour élargir cette opinion et lui donner une signification
plus étendue. Un écrivain distingué, qui est en même
temps un pédagogue de mérite, examinant cette opinion,
a dit : « Et Condillac se laisse aller jusqu'à comparer
cette *initiation instinctive* à la langue maternelle avec
le raisonnement de Newton découvrant, par une série
de déductions et d'inductions, le système du monde.....
L'enfant *raisonne* si on veut, mais cela sans presque
s'en douter, et seulement sur les objets familiers qu'il
voit tous les jours..... Ce que Condillac ne remarque
pas assez, c'est donc la différence qui existe entre la

[1] *Motif des leçons,* p. LVI.
[2] Compayré, *Doctrine de l'éducation,* p. 153.
[3] *Motif des leçons,* p. LVII.
[4] Compayré, *Doctrine de l'éducation,* p. 153.

logique instinctive qui dirige l'enfant et la *faculté
réfléchie* de raisonner sur les idées abstraites[1]. »

Il semblerait que cet écrivain ait trouvé aussi quelque
difficulté à faire une distinction entre *l'initiation instinctive* et la *logique instinctive;* mais en changeant le
nom de la faculté, il n'a pas changé cette faculté elle-
même. Il ajoute : « Nous avons tous observé comme
lui (Condillac) que l'enfant saisit vite, dans l'acquisition
de sa langue maternelle, les lois de l'analogie. C'est
précisément parce qu'il est logique que l'enfant se met
souvent en contradiction avec l'usage et commet quelques-unes de ses fautes grammaticales. Mais de ce que
l'intelligence de l'enfant suit ainsi *sans conscience* et
sans réflexion la marche la plus naturelle, qui n'est la
plus aisée que parce qu'elle est la plus logique, faut-il
conclure qu'il soit capable de raisonnements véritables,
de ceux qui supposent l'attention, l'enchaînement cons-
cient des jugements et des idées? »

Selon le critique dont nous parlons, il est très difficile
de saisir exactement ce que Condillac entend par le
mot « Entendement ». Ce même critique donne à ce
mot tantôt le sens d' « initiation instinctive », tantôt
celui de « logique instinctive ». Tantôt, dit-il, l'enfant
se sert de la raison *presque* sans s'en douter, et tantôt
sans conscience et sans réflexion. Une opinion raisonnable serait que si l'enfant possède une faculté aussi
peu définie (vague comme la définition et comme la
fonction) avant d'avoir encore appris à parler, il serait
digne de pitié.

Condillac, disant que l'enfant a la même raison que
celle de l'homme, n'a jamais prétendu que l'on doive
attendre de lui des raisonnements sur des sujets capables
seulement d'être traités par des hommes en possession

[1] Compayré, *Doctrine de l'éducation*, p. 153.

de tous leurs moyens. En lui imputant une telle doctrine, on confond la raison et la chose sur quoi l'on
raisonne.

Condillac admet d'ailleurs qu'il y a des sujets sur
lesquels il est bien difficile de raisonner. « Il y en a
sur lesquels il est difficile de raisonner parce qu'il
est difficile de les bien observer, de s'en faire des idées
précises, d'en bien juger, et que d'ailleurs, avant de les
étudier, il faudrait avoir fait d'autres études. Ce sont là
des choses sur lesquelles les enfants ne peuvent pas
raisonner encore; faut-il en conclure qu'ils ne raisonnent
pas sur d'autres[1] ? »

Si le cours d'études de Condillac n'est pas composé
d'une manière judicieuse et en rapport avec l'habileté de
son élève, ce n'est certainement pas la conséquence d'un
faux principe.

Il insiste sur ce fait que si les enfants ne peuvent
comprendre toutes les matières qui leur sont enseignées,
c'est parce que notre instruction est souvent trop au-
dessus de leur portée. De plus, prétend-il, s'ils sont
inattentifs, c'est au maître qu'en revient la faute. « Mais,
parce que nous ne savons pas nous mettre à leur portée, nous les accusons d'être incapables de raison, et
cependant notre ignorance fait seule toute leur inca-
pacité[2]. »

Ceux qui ont acquis cette expérience en faisant l'éducation de beaucoup d'enfants, et qui ont pu les observer
avec soin, considéreront cette observation comme un
véritable axiome.

Voilà quelques-unes des idées générales de Condillac
sur l'éducation, voilà quelques-unes de ses réflexions,
et c'est sur elles que doivent être jetées les bases de

[1] *Motif des leçons*, p. LVII.
[2] *Id.*, p. LIX.

toute éducation. Mais il ne se contenta pas de donner
des idées abstraites sur un pareil sujet ; il traça aussi
un plan, — qui devrait être suivi par les éducateurs
dans l'instruction de la jeunesse.

II

Son premier principe est que le professeur doit étudier son élève pour chercher à découvrir exactement ce
dont celui-ci est capable; et l'ayant trouvé, il doit
chercher encore le travail auquel il doit s'astreindre
avec assiduité. Sans même le discuter, il accepte ce
principe que chaque élève apporte à son entrée à l'école
une certaine dose de culture intellectuelle.

Aussi, d'après lui, le premier soin du professeur doit
être de se placer au même niveau que son élève, afin
que la plus grande sagesse puisse régner dans le cours
d'étude à suivre.

A son avis, ce premier pas est le plus difficile, et il le
considère comme l'un de ceux qui demandent le plus de
jugement et d'investigation. « La difficulté est d'y
préparer les esprits, comme le plus difficile est quelquefois de disposer les lieux où l'on veut bâtir. Il y a
des situations ingrates; il y a tel sol où l'on ne peut qu'à
grands frais asseoir des fondements; on pourrait même
s'y tromper, et le bâtiment s'écroulerait de toutes parts[1].»
C'est-à-dire qu'il y a de très grandes différences entre
les capacités intellectuelles des enfants, même dans
leurs plus jeunes années. Pour quelques esprits peu
doués pour recevoir l'instruction, pour quelques esprits
dont le bâtiment intellectuel ne peut être entrepris
qu'avec une grande patience et avec beaucoup de soin,

---

[1] *Discours préliminaire,* p. XLV.

il se pourra que le maître se trompe dans ses appréciations, que tout l'édifice s'écroule malgré cette patience
et ces soins.

Condillac fait preuve de beaucoup de bon sens dans
la méthode qu'il emploie pour arriver au but proposé.

Il ne recommande pas l'emploi des écoles maternelles,
avec leurs systèmes trop compliqués, qui servent à faire
de l'homme une machine, et dont la plus grande utilité
est d'enlever aux mères le soin de leurs enfants. Il ne
renferme pas, non plus, l'élève dans un monde idéal,
éloigné des autres hommes, où il recevrait une éducation
contenant plus de rhétorique que de logique; et il ne
crée pas un système plein d'utopies pour « Émile » seul.
Mais il considère l'élève comme une force vivante dans
un monde réel. Il se met lui-même à la place de son
élève, afin que celui-ci puisse se mettre à la place du
professeur. Cela, dit-il, donne au professeur l'occasion
d'observer au juste ce que connaît déjà son élève; il lui
fournit l'occasion de raisonner avec lui sur les choses
les plus ordinaires dans ses jeux.

Mais, dira-t-on, comment peut-on trouver matière à
raisonner sur les jeux d'un enfant; et même, si on la
trouve, comment l'éducation qui en sera la suite pourra-
t-elle en bénéficier? Ici, le philosophe subtil remporte ce
premier point dans la formation du raisonnement qui,
soutient-il, est le but de l'éducation.

« Pour savoir comment nous devons nous conduire
avec eux, la première précaution à prendre est de savoir comment nous concevons nous-mêmes les choses
que nous avons apprises. Il faut décomposer l'esprit
humain, c'est-à-dire observer les opérations de l'entendement, les habitudes de l'âme et la génération des
idées. Aussitôt que cette analyse est faite, on sait du
moins par où on doit commencer, et il n'en faut pas davantage. On verra que la vraie et l'unique méthode est
de conduire un élève du connu à l'inconnu; qu'il suffit,

2

par conséquent, de commencer par ce qu'il sait, pour
lui apprendre quelque chose qu'il ne sait pas encore ; et
qu'en reprenant à chaque connaissance qu'on lui aura
donnée, on pourra le faire passer, sans effort, à une
connaissance nouvelle[1]. »

Condillac exprima avec beaucoup de force ses vues
sur l'éducation première. Si on comprend quelle importance il attacha aux premières impressions des petits
enfants, si on accepte la doctrine que les premiers ins-
tants doivent être consacrés à une observation soi-
gneuse et à une instruction systématique, il n'y aura
pas de difficulté à admettre qu'un enfant d'une intelligence ordinaire puisse arriver, au bout de peu de temps,
à comprendre tout ce qui lui sera présenté d'une manière intelligible. — « First, the blade, then, the ear,
then the full corn in the ear. »

C'est le commencement, dit-il, qui est le plus difficile.
En effet, la seule difficulté en éducation est de bien
commencer. C'est pourquoi on devra, dès le premier
jour, rechercher avec grand soin la méthode à employer.
On doit même risquer de perdre quelques jours pour
être sûr de commencer dans les meilleures conditions
possibles.

Quand le professeur aura réussi à fixer la faculté
d'observation de son élève pendant tout le temps qu'il
faudra (et naturellement Condillac n'a ni voulu ni pu
déterminer une limite fixe) sur ses jeux et sur les exercices qu'il fait en dirigeant toujours la conversation
sur ce que les mouvements du corps résultent simplement d'habitudes contractées peu à peu, il faudra alors
qu'il lui montre que ses pensées sont le résultat de certaines habitudes, que ses petites idées proviennent de
son expérience sur ce qui l'entoure.

---

[1] *Discours préliminaire,* p. v.

Quand l'enfant s'apercevra qu'il n'a pas toujours
pensé comme en ce moment, il sera tout étonné et sa
curiosité sera grandement excitée (savoir éveiller une
curiosité légitime, cela constitue déjà une science dans
l'éducation des enfants) et l'enfant suivra plus facilement son maître dans la recherche de l'origine de ses
pensées.

Parmi les idées d'un enfant, il ne sera pas difficile
d'en trouver quelques-unes qui, il s'en souviendra,
n'auront pas toujours été en sa possession. Si on peut
découvrir une de ces idées, et l'on peut sans beaucoup
de peine en trouver un certain nombre, l'enfant en
viendra aussitôt à se douter que, vraisemblablement, il
en a acquis d'autres de la même manière.

Ces deux faits étant bien établis, mais ne l'étant que
par une méthode déductive, il sera nécessaire de montrer à l'enfant que sans les sensations il n'aurait jamais
eu la moindre idée des objets physiques, et que sans
les sens il n'aurait jamais eu de sensations.

Le maître est alors amené à lui montrer l'origine de
quelques-unes de ses idées, c'est-à-dire comment il se
les est formées ; alors il comprendra bientôt qu'elles
peuvent toutes être le résultat de son intelligence.

Il faut dire, ici, que le seul fait d'écrire au sujet
d'une telle doctrine a pour résultat de la faire paraître
plus compliquée qu'elle ne l'est en réalité. Il semble
métaphysique d'écrire sur les idées et leur origine,
mais celles-ci sont assurément à la portée des petits
enfants. Naturellement, le maître n'emploiera pas avec
l'enfant des mots aussi techniques que sensations, objets
physiques, etc. Par exemple, en parlant à l'enfant des
jeux qu'il aime le plus, comme « saute mouton », il
pourra très facilement faire comprendre au petit garçon qu'il n'a pas toujours été capable de jouer à ce jeu,
en lui montrant un tout petit enfant auquel sa nour-
rice chante une naïve complainte pour le faire dormir.

Le maître peut alors demander à l'enfant pourquoi on a donné tel nom à ce jeu plutôt que tel autre. Par exemple « saute mouton » s'appelle ainsi, parce que, en y jouant, les sauts des enfants ressemblent, dans une certaine mesure, à ceux des moutons. Il sera alors facile de le convaincre que si les hommes n'avaient pas d'yeux ils n'auraient pu dire comment sautent les moutons, et s'ils n'avaient pas d'esprit, ayant vu le jeu une fois, ils seraient incapables de s'en souvenir. Ceux qui pourraient objecter que les enfants ne s'intéressent pas à de telles discussions montrent par là qu'ils ne connaissent pas du tout la nature des enfants.

Nous pouvons ici rapporter des faits que nous avons vus nous-même. C'était dans une salle d'école. Une soixantaine d'élèves, petits garçons et petites filles de six à sept ans, étaient assis sur les bancs. Le jour où l'on devait leur remettre pour la première fois une plume entre les mains était attendu par eux avec une grande impatience. Là, nous pûmes remarquer tout de suite que bien peu d'entre eux avaient une idée exacte de ce qu'était une plume, et cependant ils en avaient tous vu. Quelques-uns s'imaginaient qu'elles poussaient sur des arbres dans un pays très éloigné, d'où elles étaient apportées. Alors, la maîtresse d'école leur montra, à l'aide d'une carte illustrée, les vingt-six procédés employés pour la fabrication des plumes, et elle leur fit voir que ces procédés étaient nécessaires pour leur donner les plumes qu'ils avaient en ce moment. Pendant que la maîtresse parlait, les enfants étaient suspendus à ses lèvres, ne prêtant aucune attention à ce qui les entourait, complètement empoignés par les explications qui leur étaient fournies.

C'est bien là, il nous semble, un exemple frappant de cet esprit s'évertuant à saisir des connaissances nouvelles. Si, dans la suite, on avait demandé aux enfants d'où venaient leurs connaissances sur les plumes, ils

se seraient tous souvenus du jour où ces connaissances
avaient trouvé place dans leur esprit.

Un autre jour, en parlant des étoiles aux enfants du
même âge, nous pûmes constater que, parmi eux, l'idée
dominait que c'étaient des diamants. Devant une opinion aussi générale, nous fûmes d'abord très curieux
de savoir ce qui avait pu leur donner une telle idée.
Enfin, les élèves nous rappelèrent qu'un mois auparavant une petite fille avait récité cette poésie :

> Twinkle twinkle little star
> How I wonder what you are!
> Up above the world so high
> Like a *diamond in the sky.*

Voilà quelle était l'idée, voilà quelle en était l'origine.

Quelques enfants avaient cependant, autant qu'il nous
est permis d'en juger, des idées originales, mais *originales* seulement en ce qu'ils avaient raisonné par analogie. Ainsi l'un deux nous dit : « Les étoiles sont des
trous de vrille percés dans le plancher du ciel, et c'est
par là que sort la lumière. » Cette idée pleine de poésie
était née dans l'esprit de la fille d'un ministre protestant,
et l'on peut facilement voir pour quelle raison. Elle
avait toujours entendu dire que le ciel se trouve au-
dessus de nous et qu'il est extrêmement brillant, aussi
s'était-elle imaginé que les étoiles étaient des trous de
vrille, au travers desquels, comme dit Hugo : « La lumière vient tomber. »

C'est là, assurément, ce que Condillac veut entendre
dans son premier pas dans l'éducation. Il faut dire,
d'ailleurs, qu'un professeur peut grandement abuser de
cette idée s'il préfère sa renommée à l'intérêt des enfants. Avec ce système, il est parfaitement possible
d'embrouiller l'esprit d'un enfant plutôt que de l'éclairer. Mais ce reproche peut s'adresser à tous les systèmes

psychologiques, et vouloir imputer un tel défaut à ce
système seul, serait se montrer fort injuste envers
Condillac et discuter sur des choses qui n'ont aucun
rapport avec les doctrines qu'il a soutenues.

Dans une telle intimité entre le professeur et son
élève pour acquérir ces connaissances ensemble « il
faudra seulement être attentif à ne franchir aucune des
idées intermédiaires ; encore cette précaution devien-
dra-t-elle inutile lorsque son esprit plus exercé les pourra
suppléer [1] ».

Il n'y a pas de doute que cette méthode n'ait ce grand
avantage sur toutes les autres. Elle rend le maître capable de laisser de côté toutes les autres méthodes et
les systèmes arrangés à l'avance. Elle tend à rehausser
la dignité du maître, et fait de l'enfant un tout harmonieux au lieu d'une machine dont les rouages seraient
bien assemblés. En fait, ce n'est ni plus ni moins que
la méthode de Socrate ramenée à l'éducation des petits
enfants. Nous soutiendrions plutôt que sur ce point
(entre autres) Condillac se trouvait supérieur à ceux que
l'on appelle des réformateurs dans l'éducation. Sa méthode nous amène à cette conclusion qu'elle est un développement systématique et harmonieux de ces facultés que beaucoup d'autres veulent réduire à l'état de
machines, alors qu'elles ont été créées dans le but de
faire des hommes.

On nous pardonnera de faire remarquer, en passant,
que la principale objection que l'on puisse formuler de
nos jours contre les écoles primaires, au moins en
France, en Amérique et en Angleterre, est que ces
écoles sont devenues des manufactures où l'on s'ef-
force, mais en vain, de fondre tous les enfants dans
un même moule. Aussi, forcément, y a-t-il un manque

---

[1] *Discours préliminaire*, p. VI.

d'élasticité et d'adaptation dans ces écoles. En faisant cette remarque, l'histoire de ce lit fameux, rapportée dans la légende, nous vient à la mémoire. Ceux qui se couchaient sur ce lit devaient en avoir les dimensions exactes, à ceux qui étaient trop grands on coupait les jambes, et quant à ceux qui étaient trop petits on les écartelait jusqu'à ce qu'ils eussent la longueur voulue. De même dans ces écoles, les enfants qui apportent une grande intelligence sont comprimés au point de perdre toute leur originalité, et des enfants d'une intelligence médiocre sont étirés de telle sorte qu'ils ne forment plus que des ombres intellectuelles.

À cette marche, du connu à l'inconnu, d'une observation à une autre observation, Condillac donne pour raison que : « C'est ainsi que les peuples se sont éclairés. Pourquoi donc chercher une autre méthode pour nous éclairer nous-même ?.... Il ne suffit pas de donner des connaissances à un enfant, il faut qu'il s'instruise en cherchant lui-même, et le grand point est de le bien guider. S'il est conduit avec ordre, il se fera des idées exactes, il en saisira la suite et la liaison ; alors, maître de les parcourir, il pourra se rapprocher des plus éloignées et s'arrêter à son choix sur celle qu'il voudra considérer[1]. »

Arrivé là, Condillac soutient une méthode qui lui a attiré les critiques d'hommes dont nous ne pouvons pas rejeter les opinions sans les discuter.

Cette méthode est que, comme les premiers hommes qui étaient obligés par la nécessité de tout découvrir par eux-mêmes, l'enfant doit être amené à faire chaque découverte par lui-même. En un mot, l'éducation devrait être un résumé de l'éducation des premiers hommes. Un écrivain distingué en matière de pédagogie a fait l'observation suivante :

_____

[1] _Discours préliminaire_, p. VI.

« Mais Condillac ne tombe-t-il pas dans l'exagération quand il condamne chaque enfant à refaire ce que les peuples ont fait? D'autre part, il faut savoir reconnaître que l'enfant de nôtre temps, en raison des lois de l'hérédité et par cela seul qu'il descend d'une longue série d'hommes civilisés, apprend plus vite, avec des aptitudes plus promptes et plus riches que ne pouvaient le faire les enfants des races primitives. Pourquoi, dès lors, asservir son intelligence plus vive, animée des énergies nouvelles que lui a léguées le travail des âges, au pénible et laborieux débrouillement de l'intelligence obscure des premiers temps?... S'astreindre à suivre pas à pas, dans l'éducation de l'individu, la marche réelle de l'humanité, n'e⸱t ce pas renoncer volontairement aux bénéfices de l'expérience et du travail accomplis par les siècles [1]?»

Cette critique peut paraître, à première vue, très forte, mais une recherche plus profonde montrera que l'auteur parle ici de choses très éloignées du sujet qu'il se proposait de traiter.

En premier lieu, Condillac ne demande pas que l'élève refasse tout ce que les hommes ont fait avant lui.

En étudiant quelques-unes des premières institutions de l'humanité, l'élève pourra voir qu'elle a fait des progrès depuis les premiers siècles de son enfance, tout comme lui-même en a fait depuis son enfance.

L'élève, une fois convaincu que les choses n'ont pas toujours été comme il les trouve dans le monde, cherchera naturellement à connaître comment elles étaient auparavant.

En out⸱⸱ si, « en raison des lois de l'hérédité, les enfants de notre époque ont un avantage considérable », il ne faut pas supposer, cependant, que l'adoption d'une méthode d'éducation rendra ces lois vaines ou inutiles. La loi d'hérédité peut être une bonne chose, mais un

---

[1] Compayré, *Doctrine de l'éducation*, p. 151.

système d'éducation qui aurait cette loi pour fondement
serait, sans aucun doute, mauvais. Cependant, si cette
loi a quelque valeur dans le monde, il n'y a pas de
raison pour qu'elle n'en ait principalement dans le système de Condillac.

Plus loin, dans sa critique, l'auteur tombe dans une
erreur plus profonde encore, en disant que l'enfant, de
nos jours, en raison toujours de cette même loi, peut
apprendre plus vite « que ne pouvaient le faire les enfants des races primitives ». Mais le système proposé
par Condillac ne peut pas astreindre les enfants à être
élevés avec les mêmes méthodes que les enfants des
races primitives. Nulle part dans son œuvre on ne
trouve une allusion à une pareille absurdité : « Il faut
qu'il (le maître) oublie tous les systèmes et que, parais-
sant les ignorer autant que son élève, il commence avec
lui et aille avec lui d'observation en observation, comme
s'ils faisaient ensemble les mêmes découvertes. *C'est
ainsi que les peuples se sont éclairés*[1]. »

Une telle méthode ne veut pas faire « *renoncer volontairement aux bénéfices de l'expérience et du travail accompli par les siècles* ». Soutenir une telle idée
c'est oublier *la loi de l'hérédité* à laquelle l'auteur s'est
lié dans le paragraphe précédent. Il est certain que l'enfance d'un peuple est plus longue que celle d'un enfant,
car, c'est à peine si en un siècle il a avancé d'un seul
pas. L'auteur très pénétrant du *Cours d'études* nous
en donne la raison : C'est que les hommes, dans leur
enfance, n'ont pas connu toutes les facultés de leur esprit « et que s'ils n'ont fait d'abord que des progrès
bien lents, ce n'est pas que cette méthode soit lente par
elle-même, c'est que l'instrument avec lequel ils observaient ne leur était pas assez bien connu[2] ».

[1] *Discours préliminaire*, p. VI.
[2] *Id.*, p. VIII.

Pourquoi, en effet, l'homme des premiers âges n'a-t-il pas fait des progrès plus rapides pour ce qui touche à l'esprit ? Est-ce parce qu'il avait moins d'intelligence ou parce que celle-ci n'était pas aussi bien ordonnée. Condillac est partisan de cette dernière opinion. Il dit, en effet, que si un homme comprend ce dont est capable son esprit comme il comprend ce dont son bras est capable, il pourra forcer son esprit à le servir comme le sert son bras. « Capables de régler toutes les opérations de la pensée, ils auraient bientôt appris à lui donner de nouvelles forces. Ils auraient trouvé des méthodes comme ils ont trouvé des leviers, et nous remarquerions en eux des progrès rapides, toutes les fois qu'ils auraient senti le besoin d'employer les forces de leur esprit, comme ils ont senti le besoin d'employer les forces de leur corps [1]. »

C'est là une vérité digne de ce philosophe, mais un homme, même à notre époque de grand progrès intellectuel, peut-il connaître ce dont est capable son esprit comme il le connaît pour son bras ? Peut-il régler toutes les opérations de sa pensée, comme il peut le faire pour celles de sa main ? Nous sommes obligé de dire qu'il n'en est point ainsi. Si l'auteur du *Cours d'Études* avait demandé que l'élève apprît tout d'abord à connaître d'une façon parfaite les facultés de son esprit avant d'accomplir quelque progrès, il se serait étrangement trompé sur une matière d'une grande importance. Mais, lui-même ne dit pas que les hommes puissent arriver à cette connaissance parfaite. Il dit simplement que les progrès des connaissances humaines ont été retardés *parce que les hommes n'ont ni assez connu leur esprit, ni assez senti le besoin de l'exercer* [2].

Il est très loin aussi de prétendre que l'enfant, en

<hr/>

[1] *Discours préliminaire*, p. VIII.
[2] *Ibid.*, p. VIII.

étudiant les origines des sociétés, puisse arriver à cette connaissance parfaite. Il dit que, de même qu'un enfant trouve de l'intérêt à sa propre enfance, et aux origines de ce qui se trouve autour de lui, de même, logiquement, trouvera-t-il de l'intérêt à l'enfance d'un peuple et à ce qui s'y rapporte.

Il ajoute que, puisqu'il y a une relation étroite entre l'enfance d'un individu et celle d'un peuple, l'enfant, en étudiant ses progrès, sera amené à voir comment son esprit s'est développé, et il sentira la nécessité de se servir de cet esprit.

Il faut se souvenir que l'enfant a déjà passé beaucoup de temps à observer ce qui l'entoure. Il a appris qu'il peut acquérir des connaissances nouvelles grâce à ses facultés intellectuelles et que c'est là que se trouve la raison qui grave ces impressions dans son esprit. En somme, il a suffisamment appris à le connaître (mais sans trop savoir comment) pour être capable de passer d'une étape à une autre dans la marche de la société, et il peut le faire avec intelligence. « Les premières connaissances des peuples qui commencent à sortir de l'ignorance sont certainement à la portée d'un enfant qui avait appris à réfléchir sur lui-même[1]. »

Mais, de plus, il est nécessaire à ce moment de donner à l'enfant de temps en temps des notions sur ce qu'il n'est pas capable de saisir encore par lui-même.

Ces notions ne doivent pas être données de manière à dégoûter cette intelligence qui se développe, mais il faut le faire en suivant très étroitement les connaissances déjà acquises et en s'en tenant seulement au sujet que l'on veut enseigner. Ces nouvelles connaissances doivent être données de façon à être rattachées aux autres déjà apprises par des associations d'idées.

Maintenant, en employant ces connaissances données

---

[1] *Discours préliminaire,* p. xxiv.

par l'observation ou par une information judicieuse pour étudier l'enfance des premiers hommes, l'enfant doit être amené à voir comment les observations les ont conduits à faire des découvertes. Mais il faut qu'il comprenne aussi que, en négligeant de faire des observations ou en les faisant fausses, ou trop à la hâte, les hommes sont toujours tombés dans l'erreur, et que c'est justement dans la proportion où ils ont fait des observations avec soin et sans précipitation qu'ils se sont éclairés eux-mêmes.

Condillac va plus loin encore, en disant : « Les hommes se sont rarement trompés sur les moyens de satisfaire aux besoins les plus pressants[1]. »

Voilà, en résumé, ce qu'il y a d'essentiel de cette partie du plan de Condillac qui a été si sévèrement critiquée. Si on l'examine attentivement, on s'apercevra que les origines des sociétés doivent être étudiées moins pour acquérir des connaissances que pour amener l'esprit à raisonner. C'est pour mettre l'enfant dans une situation imaginaire semblable à celle de ces premiers hommes et pour que, avec l'aide de son professeur et de ces impulsions de l'esprit, qui viennent « des besoins les plus pressants », il soit amené de lui-même à des conclusions justes.

Après s'être rendu compte que les hommes, dans les premiers âges, ne se sont livrés à des recherches que poussés par la nécessité, il s'en est suivi que, quand les connaissances se sont augmentées, les besoins aussi ont augmenté, et réciproquement. Ainsi en peu de temps, ce qui n'était qu'un petit noyau de connaissances devient un système bien ordonné. Puis, quand les peuples furent assurés de leur existence, ils commencèrent à rechercher ce qui forme le beau. Ce fut, alors, le com-

---

[1] *Discours préliminaire*, p. XXV.

mencement des beaux-arts, et avec eux naquit le
goût.

C'est à cause de cela que Condillac dit : « On n'avait
pas créé les arts et les sciences lorsque les peuples ont
commencé à s'instruire. Il faut donc qu'un enfant s'instruise sans savoir encore qu'il y a des arts et des sciences. Il faut qu'il refasse lui-même ce que les peuples ont
fait ; je veux dire que c'est à lui à généraliser ses idées
à mesure qu'il en acquiert[1]. »

Ce n'est certes pas à dire que l'enfant doive refaire
littéralement ce que tous les hommes dans le passé ont
fait, ni refaire leurs expériences, mais bien qu'il doit
apprendre les choses comme ils les ont apprises eux-
mêmes. Alors, quand il est entré en possession d'un
certain nombre de faits, et qu'il connaît la liaison qui,
comme on le lui a montré, existe entre eux, on peut
être assuré que les principes généraux sont nés chez
lui. A ce moment, l'enfant s'apercevra que ces principes, qui auraient été inutiles s'ils lui avaient été
donnés auparavant, mettent, au contraire, de l'ordre
dans ses connaissances.

Alors lui-même sera capable de créer des œuvres
d'art par la même raison que l'humanité en a créé. Pour
former le goût de l'enfant, Condillac dit que l'on doit
lui donner des modèles de la beauté et le familiariser
avec eux. Naturellement, en littérature, il doit se familiariser avec les meilleurs écrivains. Dans le choix de
ces écrivains surgit une grande difficulté, mais Condillac décide en faveur des poètes dramatiques.

Car, comme il le dit, tous les peuples ont aimé la
poésie, et l'on peut croire avec raison que l'enfant l'ai-
mera, lui aussi. Pourquoi donc les poètes dramatiques ?
C'est probablement parce que tout le monde connaît

---

[1] *Discours préliminaire*, p. XXX.

l'intérêt renfermé dans un caractère changeant et dans des situations différentes. C'est encore pour Condillac une occasion de rappeler l'emploi du jugement et du raisonnement dans l'action. Si une telle méthode pouvait être suivie, voyons quels en seraient les avantages.

Tout d'abord, nous pourrions écarter les choses superflues en éducation, car elles retardent les enfants sans les instruire. Cette méthode mettrait des connaissances réelles en face d'un étalage de mots scientifiques et l'enfant, ayant appris à observer et à raisonner, serait capable de se perfectionner dans ces connaissances si, pour une raison quelconque, il était forcé d'abandonner ses études pendant sa jeunesse.

Ensuite, elle écarterait des choses désagréables et ennuyeuses que l'enfant est, dans l'hypothèse contraire, obligé d'apprendre sans en savoir la raison. Il évitera aussi les difficultés qu'il rencontre tout le long de sa route et qu'il n'est pas capable de résoudre, ainsi que les longues suites fastidieuses de mots et de phrases qu'il lui faut apprendre. Et mieux encore que tout cela, l'enfant aurait la faculté d'abandonner un sujet quand il le voudrait et de le reprendre ensuite sans éprouver la moindre peine. Il n'est pas possible de dire exactement combien de temps une telle éducation doit durer. Cela dépendra naturellement de l'enfant et aussi de la profondeur avec laquelle on cherchera les sujets d'instruction et de la portée que l'on donnera à cette méthode. Condillac se répond à lui-même : « On demandera peut-être quel terme on doit se proposer dans l'instruction d'un enfant. Je réponds que s'il ne doit pas non plus se proposer de le rendre profond dans toutes les choses qu'on lui enseigne, ce projet serait chimérique ou même nuisible. Son âge n'étant pas capable d'une application assez soutenue, pour suivre les sciences dans leurs derniers développements, il suffira de lui en ouvrir l'entrée et d'assurer ses premiers pas en écartant tous les embarras. Son éducation sera achevée lorsqu'il aura de bons éléments sur les choses qu'il est de son état de savoir [1]. »

III

C'est avec ces idées générales que Condillac commence l'instruction de Ferdinand, prince de Parme. Dans cette éducation, c'est la démonstration pratique des idées que nous avons expliquées, qu'il va nous donner.

On pourrait croire que sur quelques points de l'éducation du prince il a porté ce système trop loin; mais si nous l'admettons, il faut bien nous rappeler que l'un des premiers principes de Condillac est que tous les hommes ne doivent pas avoir la même éducation. Il voulait d'ailleurs instruire les hommes d'une façon pratique pour eux, en prenant en considération la position qu'ils devaient occuper dans la vie. Il dit que de même que les hommes meublent leurs maisons en se rapportant à l'état qu'elles doivent remplir, de même il faut meubler l'esprit d'un homme en rapport avec sa condition : « Voilà l'image des différences qui doivent se trouver dans l'éducation des citoyens. Puisqu'ils ne sont pas faits pour contribuer tous de la même manière aux avantages de la société, il est évident que l'instruction doit varier, comme l'état auquel on les destine... Cependant, un prince, destiné à commander, devrait s'élever au milieu de son peuple comme un palais régulier et solide s'élève au milieu des campagnes dont il est l'ornement[2]. »

---

[1] *Discours préliminaire,* p. XVI.
[2] *Ibid.,* p. XLIV.

Telle était l'opinion dominante à cette époque; et nous retrouvons cette influence fortement manifestée dans les conceptions de Condillac sur l'éducation populaire.

« Il suffit aux dernières classes de savoir subsister dans leur travail; mais (il faut bien le remarquer) les connaissances deviennent nécessaires à mesure que les conditions s'élèvent [1]. »

Ici, nous sommes obligé de nous séparer de Condillac et des écrivains de notre époque qui ont eu la même opinion que lui. Aujourd'hui nous vivons dans un âge pratique à outrance, et cet esprit pratique a pénétré jusque dans les écoles.

Plusieurs institutions, spécialement en Amérique, se sont rendues très populaires en promettant de donner une éducation absolument pratique, se vantant de n'enseigner que ce dont on a besoin dans la vie, et disant qu'elles ne croient qu'à ce qui a pu être proprement appelé une « philosophie du pain et du beurre ». Il n'est pas surprenant que de telles institutions reçoivent beaucoup de jeunes gens, parce que les masses ont toujours été beaucoup plus facilement influencées par l'éloquence que par la logique. Mais malgré leurs prétentions, ces institutions font faillite à leurs promesses.

Il n'est pas possible de faire l'éducation d'un homme en se rapportant à la position qu'il doit occuper dans le monde, parce que personne ne peut savoir l'avenir, ni dire quelle sera sa position.

Heureusement, la position des parents dans la société, au commencement de ce xxe siècle, ne détermine pas toujours la position de l'enfant telle qu'elle sera vers le milieu de ce même siècle. L'enfant ne peut pas recevoir une éducation en rapport avec ses fantaisies enfantines, parce qu'il est très probable qu'elles disparaîtront avec la fuite des années.

----

[1] *Discours préliminaire*, p. XLIV.

Quel père peut dire la carrière que son enfant sera capable de suivre avec succès? Quel enfant sera capable de choisir sa profession pendant sa première jeunesse? Combien y en a-t-il parmi ceux qui lisent ces lignes et qui sont maintenant placés dans les professions choisies pour eux par leurs parents ou qui ont vu la réalisation de leurs rêves de jeunesse? Franklin, enfant, rêvait d'une vie passée sur la mer; il se traçait pour lui-même la vie d'un marin; mais ses parents décidèrent qu'il devait être imprimeur.

Dans ces tendres années, les uns et les autres avaient décidé que leur propre rêve serait réalisé; pourtant, les années, elles, décidèrent que Franklin ravirait le tonnerre de Jupiter, qu'il ferait la foudre prisonnière et qu'il se tiendrait debout devant les rois.

D'ailleurs, pour insister sur une éducation pratique, quoique ce mot soit plaisant, nous voyons que par elle tout idéal est détruit. Nous ne pouvons pas accepter comme une doctrine en éducation ce que Herbert Spencer disait : « Nous avons à nous préparer pour le monde qui existe maintenant; un mode d'évaluation est donc la première chose nécessaire[1]. » L'éducation qui perd de vue l'*idéal* peut être une chose agréable dans la contemplation d'un esprit réaliste, mais c'est un grand danger dans la pratique. L'éducation seule digne de ce nom est celle qui essaie de faire des hommes avec un idéal et des aspirations de l'âme pour des choses plus hautes encore. Platon divise les hommes en trois classes, mais il base cette division sur ce fait qu'elle est l'œuvre même de la nature. Et l'expérience nous montre que ces observations n'étaient pas loin d'être justes. Cependant, les hommes ne doivent pas être divisés ainsi dans leur jeunesse et il ne faut pas, par

---

[1] Spencer, *L'Éducation*, p. 11.

une éducation spéciale, les forcer à entrer dans une
classe plutôt que dans une autre. Les hommes n'ont
pas le droit de faire une telle division. Le *système* de
Condillac, cependant, n'est pas construit sur cette
croyance, et si l'on peut s'en servir avantageusement
dans l'éducation d'un prince, en principe, il doit donner
de bons résultats dans toutes les éducations.

En effet, il y a des raisons de croire que la partie de
son système qui doit être la plus recommandée est celle
qui peut être appliquée dans une éducation indivi-
duelle. Nous sommes forcé de dire, cependant, qu'il
y aurait des difficultés à instruire toute une classe d'enfants et à suivre dans leurs détails toutes les idées soutenues par Condillac.

Cette idée d'une éducation pratique, quoique peu discutée à l'époque de Condillac, n'était pas pourtant une
chose nouvelle. Fleury dit : « J'aime mieux que l'on
ne sache *rien* que de chercher la pierre philosophale ;
j'aime mieux que l'on ne sache rien que de savoir le
grand ou le petit art de Raimond Lulle, qui ne peut
rien savoir, en effet, et fait que l'on croit tout savoir,
parce que l'on arrange, sous certains mots et sous certaines figures, des notions si générales que personne
ne les ignore, même sans étude, mais aussi qui ne conduisent à rien. Je mets à peu près au même rang tout
ce qui trompe sous le nom de philosophie[1] »... « J'aime
mieux un paysan qui sait de quel blé se fait le meilleur
pain et comment on fait venir ce blé, qu'un philosophe
qui ne raisonne que sur le bon, le parfait et l'infini,
sans jamais descendre plus bas[2]. »

Cependant, il y en a d'autres qui ont soutenu une
conception plus élevée encore. Montesquieu, par exemple, dit que « dans une république, l'éducation com-

[1] Fleury, *Choix et méthode des études*, p. 278.
[2] Id., *ibid.*, p. 181.

plète de chaque citoyen est aussi importante que l'éducation d'un prince dans une monarchie ». Nicole dit :
« L'instruction a pour but de porter les esprits jusqu'au point où ils sont capables d'atteindre [1]. »

Quand l'Université de Paris fut fondée, les vues
d'Henri IV sur l'éducation furent formulées ainsi :
« Quum omnium regnorum et populorum felicitas, tum
maxime reipublicae christianae salus, a recta juventutis
institutione pendet ; quae quidem rudes adhuc animos
ad humanitatem flectit, steriles alioquin et infructuosos
reipublicae muniis idoneos et utiles reddit, Dei cultum,
in parentes et patriam pietatem, erga magistratus reve-
rentiam et obedientiam promovet [2]. »

Nous avons déjà expliqué les doctrines de Condillac
sur l'éducation, ainsi que ses méthodes. En somme, on
peut dire qu'il n'est pas possible de donner une conclusion exacte des désirs et des vues de Condillac sur
l'éducation en général.

Mais si les principes expliqués ont été bien conçus,
on peut les accepter comme une application générale, et
chaque professeur peut les appliquer dans des cas per-
sonnels. Nous ne pensons pas qu'il serait nécessaire de
donner toute leur portée à ces doctrines pour l'éducation commune du vulgaire. En effet, dans une école où
le maître a le souci de tous les enfants, il ne serait pas
possible de réaliser les heureux résultats que Condillac
et son collaborateur, M. de Kéralio, ont réalisés avec
le prince. Cela arriverait non pas à cause de l'inintelli-
gence des enfants, mais parce que le temps manquerait
au professeur.

Il nous reste à examiner rapidement comment Condillac applique ces doctrines à son élève. Il dit : « La

[1] *De l'éducation d'un Prince*, p. 17.
[2] Cité par Rollin, *Traité des études* (Introduction).

méthode que j'ai suivie pour l'instruction du prince pa-
raîtra nouvelle, quoique, dans le fond, elle soit aussi
ancienne que les premières connaissances humaines.
Il est vrai qu'elle ne ressemble pas à la manière dont
on enseigne, mais elle est la manière même dont les
hommes se sont conduits pour créer les arts et les
sciences[1]. »

Il arrive, par un argument subtil, à cette conclusion
que l'ordre des études par lesquelles les peuples s'é-
taient instruits eux-mêmes était le suivant : première-
ment, « ils ont commencé par des observations sur les
choses de première nécessité ; ils ont, ensuite, recher-
ché les choses de goût, et ils ont fini par raisonner sur
les choses de spéculation[2] ».

Pour que le jeune prince raisonnât plus clairement
et pour que son jugement fût plus sûr, Condillac pensa
qu'il était nécessaire de lui donner quelques leçons préliminaires. Grâce à elles, les lois suivant lesquelles il
apercevait un jugement lui seraient montrées. Et, en
effet, l'objet de ces leçons préliminaires fut de le familiariser avec lui-même et avec ce qui l'entourait. Avant
de faire cela, Condillac étudia son élève. Il ne craignit
pas de perdre « quelques jours » afin de pouvoir exactement juger de la méthode qu'il convenait le mieux
d'adopter selon les capacités de l'enfant.

Le philosophe ne considéra pas comme au-dessous
de sa dignité de jouer avec le prince, et ainsi l'enfant,
inconsciemment, se rapprochait du philosophe. Grâce à
ces jeux et aux observations infiniment étendues faites
sur eux, le prince fut amené à connaître différentes
sortes d'idées.

Il est à regretter que nous n'ayons pas quelques
explications plus exactes sur ces conversations préli-

[1] *Discours préliminaire*, p. I.
[2] *Id.*, p. XXIX.

minaires. Nous avons cinq conversations reproduites
sous forme de précis, mais Condillac nous dit que ce ne
sont pas les reproductions exactes de ses leçons : « Il
est inutile que je donne les leçons mêmes, puisqu'elles
ont été faites uniquement pour le prince et d'après
les conversations que j'avais eues avec lui. Souvent,
d'une leçon à l'autre, je revenais aux idées avec lesquelles je voulais qu'il se familiarisât et je les lui pré-
sentais d'une nouvelle manière [1]. »

Nous attachons une grande importance à ce fait que
les cinq lectures imprimées n'ont pas été écrites pour
l'éducation du prince et que les regardant comme une
production littéraire ou philosophique, elles n'entrent
pas, à proprement parler, dans les limites d'une discussion des méthodes de Condillac employées pour l'é-
ducation du prince. Rien ne nous prouve que celui-ci
les ait eues entre les mains pendant les premiers temps
de son éducation. Au contraire, Condillac nous informe
clairement *(Grammaire,* page 66) que ce précis a été
écrit pour le public seul. Car, comme il le dit dans ses
conversations avec le prince, il était si souvent ques-
tionné sur des sujets tout à fait différents qu'il ne serait pas bon de les publier. Il ajoute que : « Autant ces
écarts et ces répétitions étaient nécessaires entre le
prince et moi, autant il serait inutile de les donner au
public. On n'y trouverait que du désordre, et on en serait choqué parce qu'on ne pourrait pas juger de l'utilité
que j'en retirais [2]. »

Malheureusement, le soin même que Condillac ap-
porta pour éviter ce malentendu fut ce qui le fit le plus
sévèrement juger, et l'on attaqua le plus sévèrement ce
qui n'était pas dans son plan.

---

[1] *Précis des leçons préliminaires,* p. LXV.
[2] *Id.,* p. LXVI.

M. Compayré, par exemple, dit : « Condillac débute
par des leçons préliminaires, mais ce qui est chez lui
le commencement serait mieux placé à la fin d'une éducation bien conduite. Que sont, en effet, ces leçons préliminaires ? Il suffira d'en rappeler les *titres* pour faire
apprécier l'inopportunité de pareilles études imposées à
un enfant de sept ans. Ces instructions préalables por-
taient sur les vérités les plus hautes de la philosophie :
1° sur la nature des idées ; 2° sur les opérations de
l'âme ; 3° sur les habitudes ; 4° sur la distinction de
l'âme et du corps ; 5° sur la connaissance de Dieu.....
Quelques fables ou quelques histoires vraies feraient
bien mieux l'affaire d'un enfant que ces analyses abstraites, ces dissertations profondes sur l'analyse et la
synthèse, sur la cause *première* et sur la substance in-
finie [1]. »

C'est justement parce 'que M. Compayré prend les
titres des lectures au lieu d'en examiner le contenu que
nous lui ferons une objection et que nous nous permet-
trons de n'être pas de son avis.

Mais, même en soutenant que ces cinq lectures n'ont
pas fait partie des études du prince, il nous faut admettre qu'elles contiennent la substance des conversations
préliminaires de Condillac avec son élève et qu'elles
sont le résultat des leçons qui furent données à celui-
ci par le moyen de ses observations sur des sujets
simples et à sa portée. Et ces observations, Condillac
nous dit qu'il a aidé son élève à les faire jour par
jour.

Il est nécessaire de nous souvenir qu'une leçon donnée à un enfant, bien qu'elle ait été intéressante et heureuse au moment où elle est donnée, prendra pourtant
un autre aspect si elle est écrite pour un homme d'âge

---

[1] Compayré, *Doctrine de l'éducation*, p. 155, vol. II.

mûr. Ceux qui ont l'expérience des enfants pourront
affirmer la justesse de cette assertion. Supposons, par
exemple, que le sujet traité soit de la géographie que
le maître a pu, sans beaucoup de peine, faire comprendre
à son élève. Si le maître voulait ensuite écrire un précis pour le public, exactement de la même manière qu'il
a procédé pour accomplir sa tâche, quel en serait le
résultat? Ce précis contiendra les parties essentielles de
la leçon, mais il ne sera pas possible de donner une
idée absolument exacte de la méthode employée. C'est-
à-dire que la différence entre la leçon réelle et le précis
de cette leçon sera si grande que l'on pourrait presque
croire que ce sont deux sujets différents qui ont été traités. Dans le précis, nous n'avons devant nous que les
froids caractères d'imprimerie au lieu de la parole du
maître, il y a absence complète de personnalité et
vie.

Dans la leçon elle-même, nous trouvons d'abord la
personnalité du professeur, qui est, après tout, le principal agent de l'éducation. Nous avons l'élève, avec son
esprit fortement tendu, s'élevant, peu à peu, pour atteindre de nouvelles connaissances, comme la fleur se
dresse pour s'imprégner de soleil ou de rosée; les déli-
cates vrilles de son esprit, à peine encore sorti des
mains du Créateur, s'enlacent d'elles-mêmes fortement
autour de tout ce qui peut les supporter.

Grâce à la personnalité du maître et à l'intérêt de
l'élève, l'atmosphère elle-même semble chargée d'une
sorte de courant électrique; et des choses qui, dans
cet élément, ne pourraient être enseignées par le maître, le sont facilement et elles sont aussi facilement apprises par l'élève.

Les indices que nous pouvons recueillir dans les méthodes d'éducation employées aujourd'hui nous forcent
à dire que bientôt l'on en arrivera à ne plus discuter sur
l'habileté qu'apporte un enfant pour apprendre un sujet.

Nous pourrons, en outre, nous demander s'il est *néces-saire* pour un enfant d'apprendre telle ou telle chose, ou même, question plus importante encore, l'effort employé pour contraindre l'esprit d'un enfant à saisir un sujet déterminé affaiblira-t-il ses forces et lui sera-t-il nuisible ?

Mais Condillac nous dit que ces conversations lui furent d'une grande utilité dans l'expérience suivante qu'il fit sur son élève. Il semblerait que ces conversations aient servi non seulement à développer la raison du prince et à lui donner un aperçu sur sa propre puissance, mais aussi qu'elles aient donné au maître une base pour placer les fondements des sujets qu'il aurait à traiter dans la suite. Considérons les titres des cinq chapitres comme ils ont été donnés.

1° *Des différentes espèces d'idées :*

Comme définition de la grammaire, Condillac nous dit que : « C'est un système de mots qui représente le système des idées dans l'esprit lorsque nous les voulons communiquer dans l'ordre et avec les rapports que nous apercevons[1]. »

Si cette définition est acceptée, il est facile d'apercevoir un rapport très étroit entre la grammaire et les idées. S'il y a différentes espèces d'idées, il y aura différentes manières de les exprimer. Par une méthode extrêmement simple, il explique l'origine des idées. En effet, il sentit qu'il lui fallait faire une apologie de cette simplicité même.

« Cette manière d'expliquer la génération des idées est simple. Peut-être même le paraîtra-t-elle trop à quelques lecteurs[2]. »

Malgré cette simplicité, le sujet est traité clairement

[1] *Motif des études*, p. CXXXVII.
[2] *Précis des leçons préliminaires*, p. LXXXII.

et succinctement ; mais à une seconde lecture, profondément réfléchie, une intention cachée semble se révéler. Ce n'est pas simplement une discussion d'idées, il y a plus ; les procédés dont il se sert sont les mêmes que ceux qu'il va employer dans l'étude du langage. Par exemple, dans le développement de l'étude des idées, il discute, entre autre chose, sur les qualités *absolues, abstraites* et relatives ; sur les qualités, manière d'être ou modification, sur les propriétés, substance, analyses, classes principales, individuelles, générales et particulières. Alors il donne une seconde division des classes en genres et espèces.

Ces mêmes termes peuvent être employés aussi pour le langage et les explications qu'il fournit ici, pour éclaircir le sujet, s'appliquent aussi bien au langage qu'aux idées.

En effet, si l'on se donne la peine d'étudier avec soin la grammaire de Condillac, on verra qu'elle contient simplement les principes discutés dans ses leçons préliminaires, appliqués au langage. Naturellement, le sujet y est développé et une application spéciale y est faite. Pour faire plus d'impression sur le prince en lui montrant que les idées et la grammaire ne font, en réalité, qu'un, nous trouvons (page 31 de la *Grammaire)*, cette comparaison : « Les langues sont en proportion avec les idées, comme cette petite chaise sur laquelle vous vous asseyez est en proportion avec vous. En croissant, vous aurez besoin d'un siège plus élevé ; de même les hommes, en acquérant des connaissances, ont besoin d'une langue plus étendue. »

Nous ne pouvons donc pas douter que ces conversations, dont il nous reste le précis, ne soient d'une très grande utilité pour le professeur. Il y a peu de sujets, faisant partie d'une éducation, qui ne se trouvent réunis sous ces cinq titres. On y trouve les fondements du langage, des mathématiques, de l'histoire, de la philosophie et de la religion.

C'est pour cela que l'on ne saurait nous reprocher de dire que l'éducation du prince se divisait en deux parties qui, en somme, n'en formaient qu'une seule.

La première partie de cette éducation consiste en un effort du maître pour insinuer certaines idées à l'esprit de son élève et les réduire au plus petit nombre pour leur donner le maximum d'importance. Si, à la fin de cette première partie, le prince avait été séparé de son maître, en supposant qu'il eût compris les leçons qui lui avaient été données, nous n'hésiterions pas à dire qu'il aurait pu pousser à un degré supérieur, tout en comprenant fort bien, ses nouvelles études.

Il faut bien admettre que l'effort à donner pour imprégner un jeune esprit de ces premières leçons, doit être des plus considérables. Il faudra beaucoup de patience et de jugement de la part du maître et ils ne sont pas tous capables d'y réussir, pas plus qu'ils ne peuvent être tous capables de réussir avec n'importe quelle méthode.

Si les résultats obtenus égalent la peine prise, il n'y aura pas à tenir compte des forces et du temps exigés de la part du maître.

Se sacrifier soi-même, travailler d'une manière infatigable, aimer les hommes, telles sont les obligations auxquelles doivent s'astreindre les éducateurs des hommes. Et, outre tout cela, le professeur doit être un optimiste, et quand les nuages du désappointement lui cachent la lumière du soleil au milieu du jour ou le privent de la consolation des étoiles pendant la nuit, il doit être cependant assez fort et brave pour travailler sans lumière et sans consolation.

L'ancienne coutume de donner aux plus jeunes enfants des maîtres peu compétents ne trouve pas de place dans le système de Condillac. Il demande que le premier professeur soit spécialement une personne pleine de force et d'habileté. Peu d'hommes, en effet,

connaissent suffisamment les jeunes esprits pour limiter
le travail des premières années à l'accumulation de cette
connaissance qui pourra être assimilable. Et, comme le
dit M. Mark Patteson dans sa critique de la méthode de
Milton : « Une connaissance inassimilable stupéfie les
facultés au lieu de les développer. »

Le plan de Pestalozzi, bien que basé sur cette théorie, ne réussit pas à produire des résultats dignes de
son auteur. Rousseau lui aussi voulut entrer dans la
lice, mais ses efforts n'arrivèrent qu'à produire l'Émile,
cet enfant étrange, contre nature, bien plus digne de
pitié que d'admiration.

Pour Platon l'esprit d'un enfant est un foyer qu'il
faut allumer, et non, comme il le dit, une cruche que
l'on remplit. Cette idée, acceptée en théorie, par presque
tous les éducateurs, a trouvé bien peu d'hommes qui
ont pu faire jaillir la première étincelle dans l'esprit de
l'enfant; et jamais cette vérité n'a été plus évidente
que dans les deux siècles qui ont précédé la venue de
Condillac.

Mais l'éducation préliminaire de l'élève de Condillac
ne renferme rien qui ne soit une liaison directe entre
les connaissances déjà acquises et celles qui vont
suivre.

Nous croyons que Condillac a, dans une heureuse
mesure, uni cette première partie de l'éducation à la
seconde et qu'en le faisant il a accompli ce que l'on avait
seulement rêvé avant lui, en France.

Sa première partie de l'éducation est certainement le
résultat de sa philosophie, mais sa ressemblance avec
celle de Locke est si grande, sur ce point, que nous
croyons que c'est cette influence qui l'a guidé. Locke
dit : « Donnez tout d'abord quelque idée simple· et
faites en sorte que les enfants la comprennent parfaitement bien, puis, ajoutez-y quelques autres idées aussi
qui se trouvent placées sur le chemin que vous aurez à

parcourir pour arriver à votre but. Et, en procédant
ainsi par des étapes douces et presque insensibles, les
enfants, sans confusion ni étonnement, auront leur intelligence largement ouverte et leurs pensées s'étendront
bien plus loin que l'on ne pourrait s'y attendre[1]. »

Le succès de l'instruction, dit Locke, dépend de l'activité de l'esprit relativement à l'éducation fournie et à
l'attrait qu'elle présente.

Bien que nous croyons apercevoir l'influence de
Locke dans cette première partie de l'éducation du
prince de Parme, cependant Condillac se montre bien
supérieur à son modèle, et spécialement sur un point.
Condillac, en effet, n'insiste pas autant que Locke sur
l'attrait de l'éducation.

Mais, pourrait-on demander, n'est-ce point un principe pédagogique que de vouloir rendre l'éducation
attrayante? Nous répondrons que c'est, en effet, un
principe pédagogique, mais dont on a pu abuser, car il
est très possible qu'une chose soit attrayante pour un
enfant sans que, pour cela, elle soit d'une utilité quelconque. Nous avons pu nous rendre parfaitement compte
de cela en observant une jeune femme qui avait acquis
une grande réputation comme maîtresse d'école, sachant
donner de l'attrait à son enseignement. Après avoir visité
sa classe, et y être resté toute une matinée, nous nous
sommes convaincu que les méthodes employées par elle
pour diriger ses élèves pouvaient se réduire à une sorte de
mécanisme semblable à un cinématographe. Les images
qui passent dans un cinématographe peuvent attirer
l'attention, mais une fois le sujet disparu, on oublie
bien vite les images en pensant au mécanisme qui les
faisait mouvoir.

Nous croyons que l'une des plus graves objections

---

[1] *Des Pensées*, § 181.

que l'on puisse formuler contre Locke est que dans son admirable traité de la pédagogie (bien plus admirable encore, si l'on regarde ensemble ses *Pensées* et son *Essai sur l'entendement humain*) il n'a pas songé à reconnaître la possibilité de l'abus que l'on pourrait faire de sa théorie de l'*attractivité*. C'est un principe directeur de toute l'éducation de discipliner les forces intellectuelles, mais ceci ne peut se réaliser complètement par une simple méthode attractive.

Vouloir forcer un enfant dans les premières années de son éducation à se comprimer lui-même pour que l'effort intellectuel puisse lui être donné, c'est avoir contre soi la plupart des réformateurs modernes, mais c'est avoir pour soi les philosophes grecs, à commencer par Socrate.

Il faut qu'il y ait une impulsion donnée de bonne heure dans la vie pour forcer l'esprit à travailler, non pour une cause de plaisir, mais pour une cause de devoir. Et l'impulsion donnée dans cette voie produit un effet moral dont il est difficile de priser trop haut l'importance.

Locke fut, en ceci, sans doute grandement influencé par Montaigne, comme d'ailleurs dans beaucoup d'autres de ses doctrines sur l'éducation. C'est, en somme, un malheur pour lui, car si les vues de Montaigne sur l'éducation sont presque toutes justes, cependant, l'on ne peut rien trouver chez lui pour la discipline morale et intellectuelle. Ses doctrines ne peuvent pas être suivies par les petits garçons français d'aujourd'hui, et même auparavant peut-être n'ont-elles en aucune valeur pour eux. Il faut leur apprendre à travailler assidûment, à user de leur volonté et à répondre aux appels du devoir, qu'il soit attrayant ou non. On doit les obliger à faire même ce qui n'est pas agréable pour leur apprendre l'obéissance. Naturellement, il est légitime de rendre l'éducation attrayante, mais seulement dans la mesure où l'effort employé pour lui donner cet attrait n'empêche pas les progrès intellectuels et moraux. Pour cela nous devons compter seulement sur une méthode bien ordonnée.

Condillac ne s'inquiète pas, dans une mesure aussi excessive que Locke et Montaigne, de rendre l'éducation de l'enfant, dans sa première partie, attrayante ou facile. Au contraire, il adopte une méthode qui pose en face de celle-ci le principe plus grand et plus important de la réflexion, et par là il arrive à dompter la volonté dès le commencement même de l'éducation.

Par cette méthode qui crée chez l'enfant un appétit intellectuel, il est presque arrivé à lui faire désirer l'instruction comme il désire du pain. Cet appétit étant communiqué à l'enfant, il serait maintenant banal de dire que cette méthode est attrayante. Ce n'est certes point paraitre dogmatique que de dire que c'est seulement dans cette place secondaire, dans une relation subordonnée, que le désir de rendre l'instruction attrayante est légitime ou même permis.

La première partie du système d'éducation de Condillac est bien abstraite, et c'est pour cela qu'on l'a condamnée. Il se peut que le philosophe pénétrant ait porté trop loin, comme quelques-uns le lui ont reproché, ses inductions philosophiques. Mais s'il s'est trompé, c'est en poussant jusque dans ses dernières limites le principe que les enfants sont capables d'opérations intellectuelles beaucoup plus difficiles que nous ne l'admettons généralement.

C'est pour répondre aux demandes de la psychologie et de la physiologie qu'il a donné la première place à ses leçons abstraites; car c'est entre sept et dix ans que l'esprit est le plus ouvert pour recevoir une pareille instruction. Le professeur Bain dit justement dans son ouvrage *La Science de l'Éducation :* « Ce serait faire un grand pas en avant dans l'étude qui nous occupe que d'arriver à déterminer avec une certaine précision les variations de la plasticité du cerveau aux différentes époques de la vie, en commençant par les années de la petite enfance où elle est à son maximum, et en continuant jusqu'à sa disparition complète dans la vieillesse : on reconnaîtrait, je crois, que la vitesse de décroissance devient régulière à partir d'une année comprise entre la sixième et la dixième. Mais cette détermination est pleine de difficultés, à cause du grand nombre de circonstances accessoires qui viennent masquer le fait principal. L'accroissement du cerveau doit évidemment être accompagné du développement d'un certain nombre de facultés innées, sans lesquelles notre éducation serait bien différente de ce qu'elle est. On admet assez généralement de nos jours qu'un grand nombre de nos idées sur le monde extérieur trouvent la voie préparée par des impressions ou des instincts héréditaires. Mais dans quelle mesure ce fait est-il vrai ? *C'est là un point qu'il n'est pas facile de fixer d'une manière exacte*[1].»

C'est certes là un aveu franc et qui appelle notre admiration, car il est consolant pour l'esprit de voir un écrivain admettre virtuellement qu'il y a certaines choses en psychologie et en pédagogie qui ne sont point encore résolues. Cet aveu donne la liberté à chaque professeur d'observer pour lui-même et de faire par ces observations des déductions personnelles. Elle nous force à rapporter sur ce sujet toutes les informations que nous possédons.

Que pouvons-nous trouver dans la physiologie sur ce sujet ? Nous y trouvons que le cerveau croît avec une étonnante rapidité jusqu'à la septième année. Chez un petit garçon à l'état normal, le cerveau atteint, vers sept ans, le poids de 1134 grammes. Alors il y a un arrêt dans sa croissance, cependant il continue à augmenter encore et, à l'âge de quatorze ans, nous trouvons le

---

[1] Bain, *Science de l'Éducation*, p. 120.

poids de 1275 grammes. Puis l'arrêt se manifeste de
plus en plus jusqu'à la vingtième année, où le cerveau
atteint son poids maximum.

Il est simplement logique d'appliquer au cerveau ce
que nous connaissons des autres systèmes musculaires.
Si la loi d'analogie est bonne ici (et nous ne voyons
point pourquoi il n'en serait pas ainsi), nous arriverons à
cette conclusion que l'époque où la croissance est la
plus grande et la plus rapide est aussi l'époque où le
cerveau est le plus susceptible de recevoir des impressions. Il est vrai que durant cette époque le cerveau
n'est pas capable de travailler avec « les hauts ou
puissants criticismes » que l'expérience apporte, mais
les études ordinaires, il les saisit et se les assimile avec
une rapidité et une facilité étonnantes.

Les impressions reçues alors deviennent une partie du
cerveau lui-même et ces premières leçons sont apprises
sans peine; elles s'assimilent avec une grande facilité
à l'esprit et jamais elles ne s'oublient. L'expérience
montre que, dans ses premières années, l'enfant possède une très grande facilité pour apprendre ce qui
touche à la morale; elle montre que le cerveau est
alors susceptible de recevoir des impressions morales
beaucoup mieux que dans une période plus éloignée.
La nature semble avoir donné à l'enfant cette protection
contre les vices de sa vie à venir. Les maximes, l'instruction morale, les doctrines de la religion peuvent
être données à ce moment à un enfant avec infiniment
plus de fruit que plus tard. On est souvent étonné des
connaissances que montrent des petits bambins sur les
doctrines de la religion, quand bien même elles sont
abstraites et métaphysiques. Un israélite, élevé jusqu'à
l'âge de huit ans dans sa propre famille, restera pour
toujours un israélite; et jamais ses sentiments religieux
ne varieront.

Dans cette division de l'éducation de l'enfant par

Condillac, l'auteur ne revendique rien pour le raisonnement; la loi physiologique le condamnerait. Mais, au contraire, elle contient exactement les matières qui peuvent captiver l'esprit d'un enfant. Nous la rejetterions si elle demandait, comme quelques-uns semblent le croire, un esprit déjà plein d'une expérience mûre et d'un jugement arrivé à sa maturité; parce que, durant les années de croissance du cerveau, il est possible de se tromper grandement en lui demandant trop. Cependant c'est l'âge où le maximum de résultats est obtenu dans le langage, pour l'acquisition des mots et de leurs rapports les uns avec les autres, dans l'acquisition de l'expérience et des relations qui existent d'une expérience avec une autre, et, enfin, dans l'acquisition de toutes sortes de connaissances, concrètes ou abstraites, dans une formule.

Mais, on nous objectera, probablement, que nous avons raisonné par analogie et l'on pourra prétendre douter des leçons acquises par l'expérience pour soutenir que ces premières leçons de Condillac sont trop abstraites. Mais malgré tout, nous ne pouvons pas croire qu'il y ait une plus grande difficulté pour un enfant d'arriver à comprendre différentes espèces d'idées qu'à comprendre différentes espèces de verbes; ni qu'il lui sera plus difficile de comprendre des habitudes que de comprendre le cas de l'ablatif en latin. Ces sujets sont aussi abstraits les uns que les autres et l'enfant trouvera un plus grand attrait dans les premiers, parce qu'il les traite avec sa propre personnalité et qu'il découvre toujours en les étudiant quelque nouveauté dans son propre esprit.

Après tout, y a-t-il dans l'esprit d'un enfant une ligne de démarcation clairement tracée entre les idées abstraites et les idées concrètes? Nous croyons, pour notre part, que dans la vie d'un enfant il se trouve une période où les idées abstraites et concrètes ont très peu

4

de différences pour lui. Il y a une époque où il lui faut
accepter tout ce qui lui est donné. Même le simple procédé d'apprendre à épeler paraît être le dernier mot de
l'abstraction. Quelle idée concrète engendre dans l'esprit d'un enfant la vue de ces lettres c-h-a-t, quand on
lui a dit qu'elles formaient le mot « chat » ? Il est sûr
que le mot « chat », en se rapportant à l'objet lui-même
désigné sous ce mot, est concret, mais seulement dans
un sens bien délimité ; mais les lettres c-h-a-t qui com-
posent le mot « chat » sont purement abstraites et doivent paraître empiriques à l'esprit d'un enfant, en se
rapportant non seulement à l'objet « chat », mais aussi
au mot *lui-même.*

Alors l'enfant arrive à une phrase de ce genre : « Le
chat est blanc. » Ici, non seulement il y a les lettres
qui forment les mots et ces lettres sont abstraites par
rapport aux mots, mais la pensée elle-même de la
phrase est abstraite par rapport au sujet. Tout d'abord,
quelles preuves y a-t-il pour que c-h-a-t fasse « chat »,
quand bien même nous admettons que l'enfant soit un
métaphysicien assez fort pour comprendre la signification du mot « épeler » ? Quel est le procédé indiqué
quand le maître demande à un enfant d'épeler un mot ?
L'explication la plus simple qui puisse être donnée
serait celle-ci : Voulez-vous choisir parmi les vingt-
cinq lettres de l'alphabet quelques lettres et les arranger
de telle sorte qu'elles forment un mot qui représentera
un objet indiqué ? Il faut, cependant, nous rappeler que
ce mot ne peut pas représenter cet objet en se rapportant à sa forme, que le son du mot peut n'avoir
aucune relation avec le son que l'objet pourrait produire, et il faut nous rappeler aussi que les éléments de
grandeur ou de couleur de cet objet ne doivent pas
entrer dans les éléments constitutifs du mot. Combien
étrange doit paraître à un enfant, s'il insiste toujours
sur les relations concrètes des mots et des choses, le fait

que le mot qui représente une *souris* est plus grand que
le mot employé pour désigner un *chat* ; et que ce mot
est aussi grand que le mot « cheval ». Mais il accepte
avec une foi égale que l'objet est un chat et que les
lettres c-h-a-t forment un mot qui représente l'objet. Il
n'en connaît pas, cependant, « le pourquoi ». Il serait
excessif de lui demander ce que le maître lui-même ne
sait pas. Car, si l'on voulait insister pour que le maître
expliquât en détail le « pourquoi », il est certain qu'il
serait fort embarrassé.

Il en est de même au commencement des mathématiques. Si le signe / représente un homme, le signe //
représentera deux hommes et douze signes (//////
//////) représenteront douze hommes. Certainement,
cela est très simple, et l'enfant peut facilement le comprendre. Mais quelle révélation, quel effort pour sa
petite imagination, quel passage rapide au milieu de
l'abstrait, quand un matin, entrant dans la salle d'école,
il trouvera que par un art magique les deux lignes
droites (//) ne sont plus employées pour désigner deux
hommes, mais qu'une figure étrange, ressemblant à un
cou de cygne (2) a pris leur place et que, désormais,
c'est cette figure qui représentera deux objets, soit
deux hommes, deux éléphants, deux souris, etc.

Il s'accoutume peu à peu à écrire 1 pour représenter
un objet et 2 pour en représenter deux. Mais, un autre
jour, il trouvera que onze de ses traits droits ont été
effacés et qu'à leur place se trouve cette même figure
qui ressemble à un cou de cygne, et tout naturellement il décidera qu'il doit lire ₍ 2) égale trois, puisqu'on
lui a appris que 2 représente deux lignes. Il raisonne
de la manière suivante :

1 égale *un* et 2 égale *deux*. C'est pourquoi 12 égale
trois, et son raisonnement est des plus logiques. Mais
on lui dit qu'il se trompe et que 12 égale *douze* lignes
droites. Alors, logiquement encore, il décide que 2 doit

représenter *onze* de ces lignes. Mais non, il se trompe encore, car le maître lui donne le renseignement incroyable que 1, dans cette position, représente *dix* lignes droites et que 2 en représente *deux*. Quel appel fait à sa crédulité! Mais le lendemain il est mis face à face avec une autre difficulté non moins insurmontable, ce semble. Près du « cou de cygne » il voit une autre figure ressemblant à un œuf. (C'est le nombre 20.) On lui avait appris que zéro n'avait aucune valeur. Naturellement, s'il n'a point de valeur, il ne faut pas le compter, et le nombre 20 il le lit *deux*. Mais quel ne doit pas être son étonnement de trouver maintenant que le même « cou de cygne » qui égalait deux petites barres à une certaine place et qui ensuite semblait logiquement être égal à *onze*, à une autre devient maintenant égal à *vingt* de ces petites barres. Et quelle raison pourra-t-on lui donner de cette étrange anomalie qui fait que 2 placé devant *rien* vaut dix fois autant que 2 tout seul?

Y a-t-il quelque chose dans les « Leçons préliminaires » de Condillac qui surpasse ceci au point de vue du vague ou de l'indéfini?

Est-ce une chose abstraite ou concrète?

Ainsi l'on peut démontrer que chaque sujet élémentaire a certains points vagues et abstraits au commencement de l'éducation, et nous sommes grandement surpris que l'enfant puisse se retrouver dans ce labyrinthe où rien ne le guide. Est-ce que l'enfant, même tout petit, apprend à discerner les sujets, et par là apprend à les saisir? Certainement, et la plupart du temps il les comprend sans grande difficulté apparente. Il ne semble pas qu'il lui faille plus d'efforts pour apprendre les choses abstraites que pour apprendre des choses purement concrètes. En somme, grâce à nos observations sur les enfants, nous sommes amené à dire que pour eux, à un certain âge, il n'y a qu'une très petite diffé-

rence entre l'abstrait et le concret. S'il n'en était pas
ainsi, nous trouverions des enfants pour qui il serait
nécessaire, comme pour Gargantua, de perdre plusieurs
années pour apprendre à lire. Condillac comprit cela
et l'arrangea d'une manière conforme à son système
d'éducation.

Un autre mérite de ces premières leçons est qu'elles
sont purement inductives. C'est là certainement un des
traits les plus caractéristiques, sinon le plus caractéristique des systèmes modernes d'éducation : l'application
de la méthode inductive à l'instruction.

Nous sommes certainement à la veille d'une réforme
des systèmes d'éducation, et plusieurs traits les plus
saillants de l'éducation de ce jour seront, sans aucun
doute, écartés quand cette réorganisation aura lieu.

Cette méthode inductive toutefois ne sera pas rejetée
parce que les hommes de toutes les écoles et de toutes
les croyances ont foi dans l'excellence de son application. Quand le livre de Bacon « *Advancement of Learning* » parut en 1605, suivi bientôt après de l'*Organon*,
il aurait été impossible de prédire quels résultats ces
ouvrages allaient amener dans l'éducation. « Nous connaissons par l'induction », voilà toute la doctrine de
l'enseignement de Bacon.

Il accepte cette doctrine que « Nihil est in intellectu
quod non prius fuerit in sensu » en ce qui regarde la
nature extérieure, mais il insiste sur ce fait que les impressions faites sur nos sens peuvent être fausses. Il
faut rechercher et appliquer à l'éducation le mode de
vérification des impressions faites sur nos sens, ainsi
que les justes raisons de leur influence sur eux.

Jusqu'à ce jour, nous n'avons pas encore trouvé une
méthode pour faire ces recherches et ces applications
dans toute leur force ; mais, naturellement, si nous
pouvions dire exactement « comment nous connaissons », la clef de l'éducation scientifique serait décou-

verte. Mais, quoique aujourd'hui nous admettions la vérité de cette méthode, les hommes qui enseignent et
ceux qui ont écrit sur l'éducation pendant longtemps
n'ont pas souscrit à cette nouvelle doctrine. Coménius,
cependant, en appréciait la force à sa juste valeur, et
nous pouvons voir d'une manière indirecte l'influence de
Bacon dans toutes ses œuvres. Bientôt après l'appari-
tion de *Advancement of Learning,* Ratke, originaire
du Holstein, commença à remanier le système d'éducation employé dans le nord de l'Europe par ses nouvelles
idées sur l'éducation (dont beaucoup sont empruntées à
Bacon). Mais, après eux, on ne trouve presque plus de
trace d'induction dans les systèmes d'éducation jusqu'à
la venue de Condillac.

Dans les écoles des Jésuites il était impossible de
trouver même un semblant d'induction. Quant à Fénelon et à Bossuet, il est difficile de déterminer à quelle
école de pédagogie ils appartiennent. Nous croyons que
Condillac reçut directement son inspiration de Bacon.
Comme nous l'avons dit plus haut, Bacon demande à
connaître « comment nous connaissons », et Condillac
commence par montrer à son élève « comment nous
connaissons ».

Nous trouvons aussi dans le *De Augmentis* de Bacon
que l'on doit préférer le professeur qui transplante les
connaissances dans l'esprit de son élève *comme elles ont
crû dans son propre esprit.* Ici encore nous trouvons
la méthode de Condillac pour transplanter les connaissances[1].

Nous sommes maintenant arrivé à la fin de la première partie de l'éducation du prince.

Pendant toute cette période, comme nous l'avons vu,
Condillac et son élève étaient dans les termes d'une

---

[1] Voyez Condillac, *Disc. prélim.*, p. v.

grande intimité ; une sympathie cordiale existait entre
eux. Depuis Roger Ascham, aucun professeur n'avait
eu des relations aussi intimes avec un royal élève
(nous croyons que Ascham avait reçu l'idée d'une telle
relation du grand Jean Sturmius). Ascham soutenait
qu'il devait y avoir une grande franchise et une amitié
sincère entre l'élève et le professeur, et que l'élève devait pouvoir questionner son professeur sans aucune
crainte. Il soutient que par cette méthode la tentation
d'emprunter l'aide d'un camarade est écartée pour l'é-
lève, et que le désir même de cette tentation dispa-
raît.

Nous ne pouvons pas dire jusqu'à quel point Ascham
fut capable de mettre sa doctrine en pratique avec la
princesse Élisabeth, mais le fait même que plus tard il
fut nommé « Secretary for her Latin Letters » pendant
le règne d'Élisabeth nous montre que la reine n'avait
pas oublié le conseiller de sa jeunesse.

Cette doctrine naquit avec les humanistes, et nous
trouvons dans une lettre écrite par le cardinal Wolsey
au maître d'école Ipswich (1528) ces bons conseils : « Im-
primis hoc unum admonendum censuerimus ut neque
plagis severioribus neque vultuosis minis aut ulla tyran-
nidis specie tenera pubes afficiabatur ; hac, enim, injuria
ingenii alacritas aut extingui aut magna ex parte ab-
tundi solet[1]. »

Il semblerait que l'Écosse a bien appris le grand
avantage que l'on peut obtenir de cette intimité du professeur et de l'élève. M. Sanders dit : « Während die
Lehrer in Deutschland meistens auch ausserhalb der
Schulstunden nie das Ehrfurcht einflössende und ein-
schüchternde Wesen des gestrengen Magisters ablegen
können, stellen sich in Schottland die meisten der

---

[1] Cité par Laurie (Educational opinions from the Renaissance), p. 70.

jüngeren Lehrer ausserhalb der Schulstunden auf völlig gleiche Stufe mit ihren Schülern[1]. »

Il dit encore : « Lehrer und Schüler verkehren wie zwei gesellschaftlich gut erzogene Herren. Der Schottische Junge sieht seinen Vorteil, den er im Lehrer hat, ein, er betrügt selten durch Ablesen, oder « sich helfen lassen », oder durch unerlaubte Übersetzungen, er geniesst volles Vertrauen von seinem Lehrer und giebt ihm auch sein volles Vertrauen ; wenn es der Lehrer zu erringen weiss[2]. »

Condillac, en parlant de ses relations avec le prince, disait : « Il m'est arrivé aussi, pour satisfaire sa curiosité, de m'écarter quelquefois sur des choses qui ne devaient pas faire partie des leçons préliminaires[3]. »

Cela indique une liberté et une intimité qui auraient plu à Ascham, mais c'est une chose toute naturelle dans le système de Condillac, car le premier principe de son système est fondé sur l'intimité. Dans aucun cas, si ce principe est éliminé, nous ne pouvons concevoir le succès de sa méthode.

Nous n'en dirons pas davantage sur cette première partie. Quant aux arguments en faveur de l'efficacité des méthodes employées par Condillac dans cette première partie de l'éducation du prince de Parme, et quant aux résultats obtenus, nous citerons Condillac lui-même : « Le jeune prince connaissait déjà le système des opérations de son âme ; il comprenait la génération de ses idées, il voyait l'origine et le progrès des habitudes qu'il avait contractées, et il concevait comment il pouvait substituer des idées justes aux idées fausses qu'on lui av.. données, et de bonnes habitudes aux mauvaises qu'on lui avait laissé prendre.... Cette expérience

---

[1] G.-H. Sanders Ph. D., *Aus Schottlands Schulen*, Berlin, 1901.
[2] Sanders, p. 26.
[3] *Précis des leçons*, p. CXXIII.

me confirma dans l'opinion où j'étais, que les enfants sont capables de raisonner, et que les notions les plus abstraites sont à leur portée lorsqu'on leur en montre la génération[1]. »

Et maintenant, jusqu'à ce que l'on ait pu convaincre Condillac de faux témoignage, nous sommes obligé de tenir pour vraies les indications qu'il donne relativement aux progrès du prince. En l'absence de témoignages contraires, il nous faut accepter ceux que nous avons. Personne, à notre connaissance, n'a douté du succès obtenu par Condillac dans l'application de ces premières leçons. Le prince lui-même ne le contredit pas, bien que, devenu homme, il eût fort bien pu le faire. Nous sommes donc autorisé à penser que le prince a appris ces leçons comme son maître nous dit qu'il les a apprises. Ordinairement, le meilleur témoignage en faveur d'une méthode, que personne ne peut discuter, est le succès qui couronne son application. Nous pouvons cependant concevoir des cas où le succès ne serait pas un criterium : par exemple, avec des enfants prodiges, comme semble l'avoir été Victor Hugo, s'il en faut croire tout ce que l'on dit sur son intelligence, même dans ses plus tendres années.

Mais les événements qui arrivèrent plus tard dans la vie de Ferdinand, prince de Parme, nous montrèrent qu'il ne fut pas un homme doué d'une haute intelligence, ou tout au moins qu'il ne posséda pas une intelligence suffisante pour avoir sa place marquée avec éclat dans le monde. Rien ne prouve que son éducation n'ait pas été poussée aussi loin que le permirent ses dons naturels, et pendant sa carrière il eut assez d'occasions pour montrer qu'il en avait été ainsi.

Aussi, devons-nous admettre que le mérite en revient au maître seul qui a essayé cette méthode avec

[1] *Motif des études*, p. CXXIV.

un enfant, et qu'il réussit dans ce qui est, comme on
s'accorde à le reconnaître, la partie la plus difficile,
c'est-à-dire le commencement de l'éducation.

Mais nous devons nous rappeler aussi que ce succès
fut obtenu chez un élève que personne n'a jamais considéré comme brillant, et même quelques personnes,
bien que n'acceptant pas la méthode de Condillac, ont
considéré le prince comme une médiocrité.

En passant de la première partie de l'éducation à la
seconde, il est nécessaire de jeter un coup d'œil sur
l'exercice qui se trouve renfermé entre ces deux parties
pour ménager la transition de l'une à l'autre. Nous voulons parler des discussions et des études de « l'Enfance
du Monde ».

On doit se rappeler que l'éducation de Condillac commence par une discussion sur les jeux du prince et par
des observations sur son enfance; la seconde partie
contient des discussions abstraites que nous avons exa-
minées ; il faut maintenant élargir l'horizon intellectuel
du prince et l'amener à des sujets plus étendus, et
c'est pour cela que Condillac étudie pendant quelque
temps l'enfance du monde.

Dans le « Johnsons Lives » nous trouvons une observation qui semble s'harmoniser d'une façon si parfaite avec le système d'éducation de Condillac, que nous
ne pouvons résister au désir de la citer tout entière.
« La vérité est que la connaissance de la nature extérieure et les sciences que cette connaissance demande
ou renferme ne sont pas le travail le plus grand ni le
plus ordinaire de l'esprit humain. Soit que nous nous
préparions à l'action ou à la conversation, soit que nous
désirions être utiles ou agréables, la première nécessité
est d'avoir une connaissance morale et religieuse du
bien et du mal. La seconde sera la connaissance de
l'histoire de l'humanité et de ces exemples qui, comme

on peut le dire, renferment la vérité et prouvent par les événements la justesse des opinions[1]. »

Ce pas intermédiaire ne contient pas du tout une véritable histoire de l'humanité, mais les leçons qui y sont contenues peuvent servir de fondement à une histoire qui viendra plus tard. Était-il logique que l'enfance du monde occupât le prince avant qu'il eût commencé la seconde partie de son instruction? Examinons s'il y a quelques rapports entre ce sujet et ceux qui l'ont précédé.

Jusqu'à présent les leçons ont été limitées à la personnalité seule du prince. On peut dire que cette éducation a pu lui faire croire que seul au monde il était digne de considération. Assurément les bonnes leçons que nous avons étudiées auraient perdu beaucoup de leur force et de leur utilité si le royal élève en avait conclu qu'elles s'appliquaient à lui seul.

Condillac l'avait convaincu qu'il n'avait pas toujours été capable d'accomplir des actes qu'il était parvenu à faire très facilement, mais il l'avait aussi convaincu qu'il était le seul dans le monde qui ait été forcé d'acquérir peu à peu des connaissances.

Le prince dut alors commencer à étudier les hommes dans la réalité, mais il ne connaissait rien des hommes; pour lui le monde avait toujours été tel qu'il le voyait.

Si, en principe, l'histoire d'un homme est l'histoire de toute sa race, en principe aussi, l'enfance d'un homme aura une ressemblance frappante avec celle du monde. C'est pour cela qu'en faisant étudier au prince l'enfance du monde et l'enfance des autres hommes, on arrivait à ce résultat de sentir qu'il y a un trait de la nature qui nous rend tous frères.

Ajoutez à cela le fait psychologique que les simples

---

[1] *Johnsons Lives*, vol. I, p. 65.

récits des faits des nations pendant leur enfance a un
intérêt extraordinaire pour les enfants.

Quelques critiques, qui ont blâmé cette partie du
système de Condillac, ont indiqué exactement ce qu'il
aurait dû enseigner à cet endroit. M. Compayré dit, par
exemple : « Quelques *fables* ou quelques *histoires
vraies* feraient bien mieux l'affaire d'un enfant que ces
analyses abstraites [1]. »

C'est là une recommandation faite bien des fois, mais
peu digne d'un tel écrivain. Cette recommandation peut
être acceptée par beaucoup de personnes qui s'occupent
d'élèves, mais pourtant elle ne repose sur aucun principe
pédagogique. Tout d'abord, si nous acceptons les vues
de l'auteur lui-même, et si nous substituons des fables
à ces entretiens, ce serait parce que l'esprit de l'enfant
ne serait pas capable de saisir ces « analyses abstraites ».

Mais y a-t-il un genre littéraire qui demande plus
de culture intellectuelle que les fables? Comprendre une
fable proprement dite, c'est d'ordinaire transporter les
qualités abstraites de l'homme aux animaux (mais le
prince n'a pas encore étudié les hommes et comment
pourrait-il avoir une idée de leurs qualités abstraites
révélées par la conduite des animaux?). Dans ces fables,
les animaux sont mis en relation les uns avec les autres,
et par une raison incompréhensible, qui doit paraître
étrange à l'enfant, ils parlent et ils agissent non pas
comme il a vu agir les animaux de ses propres yeux,
mais comme un professeur lui dit qu'agissent les
hommes. Maintenant, si nous sommes capable d'en
juger, l'interprétation d'une fable appartient au « Higher
Criticism » et même dans le système de Condillac elle
sera remise à plus tard.

On étudie les fables soit pour donner des leçons sur la
nature humaine, soit pour apprendre les habitudes des

[1] Compayré, *Doctrine de l'éducation*, p. 155.

animaux. Si elles sont étudiées pour connaître la nature
humaine, cette étude se réduit à l'étude *des hommes*,
et c'est là ce que Condillac accomplissait en étudiant les
hommes eux-mêmes. En admettant même qu'un enfant
puisse comprendre les fables, n'est-il pas plus raisonnable et plus logique d'apprendre à connaître la nature
humaine en étudiant les hommes que d'apprendre à
reconnaître cette même nature en étudiant *les animaux?*
Si les fables sont étudiées pour connaître les habitudes
des animaux, le temps employé à cette étude sera simplement du temps perdu, car les animaux réels et ceux
des fables appartiennent à deux familles d'êtres bien
distincts. Mais nous avons dit que les fables n'ont pas
de place dans la première partie de l'éducation des
enfants. C'est un esprit de maître qui invente les fables
et nous n'avons pas, après une grande expérience des
enfants, trouvé un seul enfant qui ait pu les interpréter
correctement. Par exemple, nous prenons une des fables
les plus simples de La Fontaine : « Le renard et les
raisins », et nous citons ceci :

> Certain renard gascon, d'autres disent normand,
> Mourant presque de faim, vit au haut d'une treille
>   Des raisins mûrs apparemment,
>   Et couverts d'une peau vermeille.
> Le galant en eût fait volontiers un repas,
>   Mais comme il n'y pouvait atteindre :
> « Ils sont trop verts, dit-il, et bons pour des goujats »
>   Fit-il pas mieux que de se plaindre?

Quel enfant sera capable de saisir le sens caché
ici? Et si, après que le maître le lui a expliqué, il le
comprend, quelle connexion y aura-t-il entre le « renard
et les grappes des raisins » et quelques autres parties
antérieures ou ultérieures de son éducation?

Ainsi donc, si nous prenions les fables une à une et
que nous les analysions, nous trouverions qu'elles demandent une grande maturité d'esprit et une très

grande expérience des hommes, ainsi que beaucoup
d'observation faite sur eux.

Mais M. Compayré nous offre une alternative : « Quelques *fables* ou quelques *histoires vraies* », dit-il. Cette
alternative provoque vraiment un grand étonnement.
Car, comment se peut-il que deux sujets si diamé-
tralement opposés puissent être mis en alternative ?

L'étude de Condillac sur l'enfance du monde était faite
sans qu'il mît aucun livre entre les mains du prince,
mais c'était néanmoins une « histoire vraie ». C'était
une étude des actions des hommes et elle était faite
en considérant seulement des hommes et non en
représentant symboliquement les hommes par les animaux.

Il y a cinq ans environ, on a vu paraître aux États-
Unis une série de livres qui prirent exactement la place
que, à notre avis, les conversations de Condillac eurent
dans l'éducation du prince. Ces livres ont été adoptés
dans toutes les écoles importantes, et ils ont obtenu un
succès énorme, et nous connaissons personnellement
l'avantage inestimable qui a résulté de cet emploi.
Voici quelques titres de ces ouvrages : « Story of the
Romans », « Story of the Greeks », « Story of the
Chosen People ».

L'intérêt que les enfants, même les plus jeunes,
trouvent dans ces livres et l'habileté qu'ils montrent
dans la compréhension du progrès de la civilisation
sont suffisants pour exciter l'étonnement. Le maître aussi
est capable de tirer un grand profit de ces sujets pour
l'éducation qui doit suivre. C'est là une des idées
de Condillac mise en pratique dans l'éducation moderne.

Ainsi, nous croyons que c'est Condillac qui a eu l'heureuse inspiration de donner, le premier, un cours d'étude
de sociologie réglé avec soin et bien systématisé pour
l'éducation primaire. Nous disons « réglé et systématisé »,

mais nous voulons entendre par là qu'il a donné à la
sociologie une place aussi prépondérante que celle des
mathématiques, de la grammaire ou de quelques autres
matières enseignées aux enfants. On sait que, à l'époque
où Condillac parlait de sociologie, cette étude n'était
pas, comme aujourd'hui, coordonnée en système scientifique. Si elle avait été une science, nous aurions blâmé
Condillac d'enseigner ce sujet aux jeunes enfants; nous
aurions objecté les différentes ramifications et discussions que présente une « science sociale », mais dans la
forme employée par Condillac nous n'avons aucune
objection à faire.

M. Bain dit, en parlant de l'enseignement de l'histoire : « Comme nous l'avons dit plusieurs fois, le
courant des récits historiques émouvants emporte avec
lui un certain nombre de fragments détachés de la
sociologie, et un temps arrive où ces fragments peuvent
être réunis de manière à permettre de compléter l'ensemble [1]. »

M. Bain fait la même distinction que Condillac au
sujet de la sociologie. Il la divise en sociologie scientifique et en sociologie empirique : « Comme l'enseignement de l'histoire commencera toujours bien avant
l'âge où il est possible d'enseigner la sociologie *comme
une science* dépendant de celle de l'esprit, il faut
nécessairement admettre l'existence d'une sociologie
empirique [2]. »

La matière pour l'étude de la sociologie empirique
doit être prise dans les faits contenus dans l'histoire,
mais pour étudier l'histoire comme science, il faut avoir
quelques connaissances préalables de sociologie. M. Bain
dit encore : « Pour l'histoire elle-même, sauf certaines
conceptions sociales définies, il faudra se maintenir

---

[1] *La Science de l'Éducation,* p. 100.
[2] *Ibid.,* p. 100.

dans le champ des récits émouvants ou tout au plus se
contenter d'ajouter quelque chose aux faits les plus ordinaires de la nature humaine [1]. »

On remarquera que si Condillac a été le maître de
M. Bain, celui-ci ne peut se rapprocher plus près de ses
idées en sociologie et en histoire.

La place même que l'étude de « l'Enfance du Monde »
occupe dans le système de Condillac doit venir logiquement après la première partie de son éducation et elle
a aussi une relation directe avec la deuxième partie.

On peut voir la raison exacte de cette étude dans les
propres paroles de Condillac : « Au milieu de ce flux
et reflux d'usages et d'opinions, il devait s'accoutumer à juger que ce qui se fait n'est pas toujours ce qui
doit se faire ; et voyant des préjugés partout, il devait
commencer à se méfier de lui-même ; il devait craindre
d'en avoir et il se préparait à s'en défaire [2]. »

Nous appelons « seconde partie » de l'éducation du
prince le temps qui s'écoule depuis le jour où le premier livre a été placé entre ses mains et celui où Condillac cessa son enseignement. Après l'étude de l'enfance des différents peuples, il était logique de rechercher les origines des lois qui les régissent. Le prince
avait d'abord été amené à voir comment des lois qui le
gouvernaient lui-même avaient eu une origine naturelle, et maintenant il lui fallait voir que c'est la raison
seule qui a dicté ces lois aux peuples. Il devait en arriver, d'après cette éducation, à la conviction de Mira-
beau : « Ce n'est pas dans des vieilles chartes, où la
ruse combinée avec la force a trouvé les moyens d'opprimer le peuple, qu'il faut chercher les *droits* de la
nation, c'est dans la *raison; ses* droits sont anciens

---

[1] *La Science de l'Éducation*, p. 100.
[2] *Motif des études*, p. CXXVII.

comme le temps et sacrés comme la nature. Il n'y a
rien d'immuable que la raison et elle détruira bientôt
toutes les institutions vicieuses. Guerre aux privilégiés
et aux privilèges. »

Chez Condillac comme chez Socrate, la société civile
et politique a certainement une origine naturelle[1], car
l'homme est naturellement ami de l'homme et nous
avons tous besoin les uns des autres. L'État, ayant son
principe dans le besoin mutuel que l'homme a de
l'homme, est, aux yeux de Condillac, une association
fondée sur la communauté d'intérêts, moraux ou maté-
riels ; la fin de l'État est donc également l'intérêt de
tous et le bien général.

Pour amener le prince à cette conviction, Condillac
lui plaça entre les mains un livre qu'il avait écrit lui-
même. Ce livre, si nous pouvons appeler ainsi cet
ouvrage, avait été composé en prenant dans *Les
Origines des Lois,* de M. Goguet, tout ce qui pouvait
être à la portée de son élève. A ces extraits, Condillac
ajouta d'amples explications et un certain nombre de
notes. Il est à regretter que nous n'ayons pas ce premier livre donné au prince (nous ne savons pas à quelle
époque le prince apprit à lire et à écrire, mais c'est
certainement avant que Condillac ait commencé son
instruction, parce qu'il ne fait aucune mention de cette
partie élémentaire de l'éducation).

Mais, pourtant, connaissant les idées de Condillac,
grâce à sa philosophie, nous pouvons facilement imaginer que ce livre eut pour base l'évolution et l'association des idées. C'est dans son histoire que nous
trouvons ses idées sur « l'Évolution des Lois » vraiment bien expliquées. L'ensemble de ses vues peut être
mis dans les citations suivantes : « Les lois naturelles

---

[1] *Mémorables,* II, vi.

suffisent aux sauvages. A la rigueur, elles peuvent
suffire encore aux peuples pasteurs ; mais il faut aux
peuples cultivateurs des lois positives [1]... Les lois civiles
doivent s'y multiplier à mesure que de nouveaux arts
font naître de nouveaux besoins [2]... Les États sont des
machines que les circonstances font mouvoir [3]. »

Ce livre (*L'Origine des Lois*), même s'il avait été
écrit par Condillac en personne, ne contiendrait pas
d'une manière plus succincte ses doctrines. Dans ces
trois volumes, par exemple, nous ne trouvons pas seulement un effort pour remonter jusqu'à l'origine des
lois, mais aussi jusqu'à l'origine des arts et des sciences.
Il est naturel de supposer que Condillac donna pour
son élève une plus grande importance aux arts et aux
sciences qu'aux lois, parce que leur étude était la suite
naturelle de ce que le prince avait déjà appris.

Pour ne pas arriver à une conclusion fausse, il nous
faut, pensons-nous, connaître exactement ce qu'était ce
livre. Il est divisé en trois parties :

1º Origine des lois depuis le déluge jusqu'à la mort de
Jacob [1] ;

2º Depuis la mort de Jacob jusqu'à l'établissement de
la royauté chez les Hébreux ;

3º Depuis l'établissement de la royauté chez les Hébreux jusqu'à leur retour de la captivité.

Telles sont ces divisions dans lesquelles nous trouvons une étude de l'enfance de l'humanité. Mais cette
étude même pourrait avoir été poursuivie sans s'harmoniser avec le plan d'instruction de Condillac. Si nous
étudions la préface de ce livre, nous pouvons, cependant, nous apercevoir que l'auteur a suivi exactement

[1] *Hist. anc.*, IX, p. 45.
[2] *Ibid.*, p. 46.
[3] *Idid.*, p. 525.
[4] Voyez l'Introduction.

la méthode employée par Condillac. « J'ai cherché
aussi à faire sentir l'enchaînement de tous ces différents objets de leur influence *mutuelle*. Car, chez tous
les peuples, l'état des arts et des sciences a toujours
été intimement lié avec la constitution et l'état actuel
du gouvernement... Les arts, particulièrement, portent
l'empreinte du caractère des nations qui les ont culti-
vés. L'examen attentif de leur *origine* et de leur *progrès* est ce qu'il y a de plus propre à nous faire distinguer le génie, les mœurs et la tournure d'*esprit* qui
caractérisent les différents peuples de cet univers. J'ai
donc suivi, autant que j'ai pu l'apercevoir, la marche de
l'esprit humain[1]. »

En suivant la marche de l'esprit humain, Goguet formule la doctrine si chère à Condillac : « Le besoin a
été le maître et le précepteur de l'homme. » Nous ne
sommes donc pas surpris de voir Condillac dire que
ce livre répond exactement à ses desiderata et qu'il
était propre à remplir son dessein. L'habileté du prince,
pour juger des causes et des effets dans l'évolution,
aurait indiqué à son maître le degré de succès qu'il
avait obtenu par son enseignement sur sa propre personnalité. Car, comme Socrate le soutient : Ceux qui ne
se connaissent pas eux-mêmes et se trompent sur leurs
propres forces sont dans la même ignorance par rapport aux autres hommes et aux choses humaines en général[2]; ils ne savent ni ce qui leur manque, ni ce qu'ils
sont, ni ce qui leur sert ; mais, étant dans l'erreur sur
ces choses, ils laissent échapper les biens et ne s'attirent que des maux. Personne ne doute, après réflexion, que le sujet des lois ne trouve une place logique
dans un cours d'études, spécialement en *histoire*. Si
l'histoire était apprise de cette manière, cela prouve-

---

[1] Voyez Préface.
[2] *Mémorables,* I, iv, c. ii.

rait non seulement qu'on lui reconnaît une influence
morale, mais aussi qu'elle est capable de se convertir
en une étude politique. Est-il possible, en fait, d'enseigner l'histoire sans montrer l'évolution de la société
humaine? Si nous introduisions ce sujet dans le commencement de l'histoire, ce sujet lui-même n'aurait-il
pas une grande attraction aux yeux des élèves? La
seule différence, croyons-nous, est que quelques personnes, comme M. Bain, ont soutenu que l'étude de la
société et des lois doit être entreprise seulement avec
des élèves plus âgés. Mais si ce que Socrate dit est
vrai que « celui qui demeure dans un pays s'est, de
fait, engagé à obéir aux lois », alors un élève qui a fait
connaissance avec une nation en histoire devrait, au
moins, connaître quelques-unes des lois existant à ce
moment dans ce pays. Autrement il lui sera impossible
d'arriver à une conclusion juste sur les actes de cette
nation à ce moment. Il paraît vraiment étrange que si
peu d'attention ait été donné à cette partie de l'éducation, pour un but au moins pratique. L'ignorance, non
seulement de l'origine des lois, mais aussi de celles qui
sont mises en vigueur là où se trouvent des hommes
instruits pourtant, est étonnante et regrettable.

Quelques personnes pensent que toutes les lois eurent
leur origine dans le désir qu'avaient les puissants d'opprimer les faibles et les riches d'opprimer les malheureux. Ce serait la sauvegarde d'une nation que d'ins-
tituer dans chaque école communale des règlements
ordonnant l'étude des lois, non seulement dans leur
origine, mais aussi dans leurs applications.

Ce premier pas a déjà été fait dans plusieurs pro-
vinces des États-Unis, où il y a une ordonnance qui
exige que le « Civil Government » soit enseigné à tous
les élèves. Cela ne veut pas dire que cette étude doive
être commencée après que l'enfant aura fini d'apprendre
l'histoire ou la géographie, mais elle fait partie du travail

journalier. Ainsi il arrive que le livre de « Civil Government » est quelquefois employé comme « livre de
lecture », et l'enfant qui ne peut aller à l'école que trois
mois par an étudie, en même temps que l'arithmétique, l'écriture, etc., les différents départements du
gouvernement qui est le sien.

Il retourne alors à sa charrue ou à son troupeau avec
une idée plus claire des lois qui le concernent et avec
un respect plus grand pour ceux qui appliquent ces
lois. C'est donc un des meilleurs moyens de réduire à
néant les principes anarchistes. C'était une autre forme
de lois qui constituait toute l'instruction chez les Hébreux
il y a quatre mille ans, mais, néanmoins, les principes
fondamentaux en étaient les mêmes. Ces jours heureux
où les hommes « marchaient avec Dieu » ne connais-
saient aucune autre étude que celle des *lois*.

Cette étude des lois commença pour le prince de
bonne heure et continua durant plusieurs années, —
nous ne savons pas au juste combien de temps, —
mais une mention de l'origine des lois est faite de temps
en temps. Et dans l'histoire qui fut pendant six années
la principale étude du prince, nous trouvons l'évaluation entière des lois, des arts et des sciences exactement tracée.

Ici se place un étude dans laquelle se trouva une
occasion d'employer les deux seules méthodes pour
passer du particulier au général. L'esprit humain livré
à lui-même n'aime pas les généralités et quelquefois il est
nécessaire d'employer des artifices pour arriver à un
résultat satisfaisant. Le premier de ces artifices est,
selon la loi psychologique, de montrer à l'enfant une
ressemblance entre le particulier et le général. L'étude
de l'enfance du prince, les lois qui le contrôlent, l'évolution de son habileté, ses jeux, ses pensées, etc., ont
fourni à Condillac la matière de ces considérations.

Le second artifice pour vaincre la répugnance natu-

relle pour les généralités est de montrer le rapport de
cause à effet qui existe toujours. Une des premières
idées originales des enfants est celle de la cause et de
l'effet. Peut-être saisissent-ils plus aisément les relations en remontant de l'effet à la cause qu'en descendant
de la cause à l'effet. En somme, l'esprit humain trouve
plus de facilité à opérer dans le premier de ces deux
ordres de rapport que dans le second. Le penchant
pour rechercher la cause est si marqué chez les enfants
que l'on est souvent obsédé par leurs questions, qui
commencent toujours par ce mot « pourquoi ».

De plus, dans cette étude de l'origine des lois, le
prince ne trouve pas seulement une matière très complète sur les questions qu'il peut poser, mais il a, en
outre, un exposé des causes et des effets. Et ainsi
c'est un pas nouveau qu'il vient de faire pour passer du
particulier au général, et cela en suivant les principes
pédagogiques.

En plus de ces études intéressantes, Condillac fit lire
les poètes à son élève. Ses idées sur la manière de faire
apprendre les langues à un enfant sont certainement en
contradiction avec celles des éducateurs de son époque.
Il soutient d'abord que l'étude du latin pourrait fort bien
être omise jusqu'à ce que l'enfant ait appris sa propre
langue. Il considère comme une sottise de croire qu'un
enfant soit capable d'apprécier les beautés d'une langue
morte ou étrangère avant qu'il ait pu apprécier et estimer
les beautés de la littérature de sa propre langue.

Pour arriver à ce résultat, il croit qu'il n'est pas nécessaire de commencer par apprendre les règles de la
grammaire et de former l'esprit de l'élève d'après ces
règles. Aussi dit-il : « En se familiarisant avec nos meilleurs poètes, il apprenait facilement les règles de la
grammaire[1]. »

---

[1] *Motif des leçons*, p. CXLI.

Nous devons donner notre approbation à cette partie du système de Condillac.

L'exigence, peu raisonnable, qui veut que les petits enfants apprennent des règles dont ils ne peuvent voir l'utilité, n'entraîne pas seulement une perte de temps, mais aussi elle leur fait prendre en dégoût le reste de la littérature.

Condillac donne une place prépondérante à l'étude de la grammaire, mais il affirme que sa place n'est pas au commencement de l'étude du langage. En d'autres termes, il soutient que l'étude de la grammaire, et l'étude du langage et du style sont deux études séparées et distinctes.

Dumarsais a dit dans son *Des Tropes* que l'on dépensait trop de temps à l'étude aride des figures du langage, en apprenant leurs définitions et leurs différents emplois. Il a recommandé que si l'on veut entendre l'emploi des figures du langage, l'on aille se promener sur une place du marché, et que ce serait une étude bien plus profitable que de passer des mois sur des livres[1].

Condillac, cependant, ne va pas jusqu'à envoyer son élève au milieu de la populace des marchés pour apprendre le style et les beautés d'une langue; mais il lui donnera les meilleurs auteurs pour parler avec lui par leurs œuvres. Grâce à la société de ces auteurs, l'élève pourra se former le goût d'après des modèles de beauté et d'élégance.

Condillac va donc enseigner d'abord le langage et ensuite la grammaire. Et dans cette étude du langage, il appellera l'attention sur certaines règles de grammaire indispensables. Et, en étendant de plus en plus ces observations, quand le sujet abstrait de la grammaire sera atteint, il sera prouvé qu'il n'est, en somme, que le résumé de ce qui a déjà été appris.

---

[1] Dumarsais, *Des Tropes*, voy. la Préface.

Suivant sa doctrine philosophique de l'analyse, Condillac ne pouvait faire autrement. Dans l'étude de la
nature et de l'esprit, il pouvait commencer immédiatement par l'analyse, car ceux-ci existent déjà dans leur
ensemble.

Mais, avant qu'une analyse du langage puisse être
faite, il est nécessaire pour un élève d'avoir quelques
idées du langage. Il y a deux extrêmes qu'il faut éviter
dans l'enseignement d'une langue, spécialement dans
l'enseignement de la langue maternelle. Tout d'abord,
un professeur qui aime la littérature et qui a intéressé
son élève à cette étude, doit veiller à ne pas donner à
la grammaire une place trop peu importante. Secondement, il doit s'abstenir de donner à son élève les
exemples secs et nus de la syntaxe qui peuvent servir à
lui donner les dehors de la science, mais qui ne pourront jamais lui donner les moyens d'apprécier les beautés
de la littérature. Quand le langage est placé pour ainsi
dire sur la table de dissection, le résultat infaillible est
la mort de ce langage.

La grammaire est l'autopsie d'un corps d'où la vie
s'est enfuie. Nous avons vu dans les universités, et spécialement dans les universités allemandes, des chefs-
d'œuvre de littérature soumis à une analyse faite si scrupuleusement que toute trace de vie en était détruite.

Naturellement le philologue a besoin d'une certaine
somme de cette étude, mais dans l'appréciation de la littérature, le moins est le meilleur.

Cela est vrai, surtout pour les enfants qui aiment
l'action, le mouvement et la vie. C'est cela que nous
trouvons chez l'élève de Condillac, étudiant tout d'abord
le langage. Il faut nous souvenir que si ce que nous
avons dit sur l'étude du langage était vrai en général,
cela l'était surtout avec le prince de Parme. La première difficulté quand on enseigne à un élève les beautés de sa langue maternelle, vient de ses rapports avec

des compagnons qui apportent dans leur langage une
foule d'expressions différentes entendues dans les divers
milieux. Dans la rue, l'enfant entend parler les igno-
rants et les gens de médiocre éducation, et parce que
leur langage est fort et expressif (la force de l'expression
est caractéristique du langage vulgaire), il introduit ces
expressions dans sa manière de parler. Son style est
corrompu, les mauvaises expressions se trouvent mê-
lées à un langage plus poétique, et en voulant servir deux maîtres il n'en sert aucun comme il faut.

Mais il en était autrement avec le prince de Parme. Il
semble qu'il ait été complètement éloigné des camara-
des de son âge, et d'après toutes les indications que l'on
peut avoir, il semble que ses seuls condisciples aient
été son maître et M. de Keralio.

(Nous ne voudrions pas que l'on nous crût favorable à
cette partie de l'éducation chez Condillac. Il est possible
que le fait d'être renfermé toujours avec des savants
donne de bons résultats au point de vue de l'instruction,
mais le résultat ne justifie pas le moyen employé. L'enfant qui est privé de la camaraderie d'enfants de son
âge n'aura probablement pas de sympathie pour les
hommes quand il sera appelé à prendre sa place parmi
eux. On obtient une grande force grâce à l'émulation,
on prend dans la vie commune l'habitude de respecter
les droits et les talents d'autrui. L'école idéale serait
celle qui présenterait le monde en miniature.)

Avec de tels maîtres, le prince poursuivit ses études
et employa à son instruction même ses moments d'oisi-
veté. Chez lui, aucune mauvaise expression ne pouvait
venir détruire en une demi-heure le travail que son
maître avait accompli en un mois. On lui enseignait sa
langue, non seulement en lui faisant lire ce qu'elle avait
produit de meilleur, mais en lui donnant aussi toujours
le meilleur du langage. Dans des conditions aussi favo-
rables, ne peut-on entreprendre avec l'assurance du

succès tout ce que l'on voudra en ce qui concerne la pratique de la langue ?

Condillac pensait qu'il était sage de commencer par les poètes (en thèse générale et dans des conditions autres que celles où était placé le prince, nous considérerions cela comme une faute). Le premier poète qu'il choisit pour le prince fut Boileau, lui dont Nisard a dit : « Ses prescriptions s'étendent à toutes les pensées, à toutes les manières de les exprimer et, par analogie, à tous les arts dont l'idéal est le vrai », lui dont d'Alembert a dit : « Boileau eut le premier en France le mérite rare de former une « école de poésie ». Ce n'est pas par un pur hasard, pensons-nous, que Boileau fut le premier choisi. Nous préférons croire que l'habile auteur de *Cours d'Études* avait de bonnes raisons pour le choisir de préférence à tous les autres. Le fait que Boileau était ouvertement et franchement hostile aux écrivains de mauvais goût doit être un argument suffisant pour déterminer le choix de Condillac. Mais cherchons quelles ont pu être les autres raisons de Condillac.

Comme nous l'avons remarqué, Condillac ne commença pas à enseigner immédiatement le latin à son élève, mais il était loin d'être opposé à l'étude des auteurs anciens. Il attacha toujours une grande importance à leur style et il se trouvait parfaitement d'accord avec Boileau, car celui-ci fut un partisan presque intolérant des anciens. Pour lui, en littérature, ce qui n'était pas dans le goût grec ou latin était simplement barbare[1].

Nous reconnaissons le genre classique à travers toutes ses œuvres, et l'on pourrait presque s'imaginer en le lisant qu'on lit Horace lui-même.

D'ailleurs, Boileau n'a-t-il pas écrit :

> Mais lui qui fait ici le régent du Parnasse
> N'est qu'un gueux revêtu des dépouilles d'Horace.

---

[1] Voy. Vapereau, *Éléments d'histoire de la littérature française*, vol. II, p. 183.

Condillac, bien qu'il n'ait pas commencé l'éducation du prince par l'étude des auteurs latins, choisit cet auteur français dont le caractère reproduit le plus fidèlement le caractère du même génie romain.

De cette manière il servait à un but pratique en se servant d'un auteur français pour enseigner le style latin.

Secondement, nous voyons dans l'éducation postérieure du prince que Racine fut l'auteur préféré, car il fut le principal écrivain étudié pendant plus d'une année. Condillac nous dit : « Après toutes ces lectures nous nous bornâmes, pendant un an ou même davantage, à celle de Racine que nous recommençâmes une douzaine de fois. De tous les écrivains que nous avons lus c'était certainement le plus propre à former le goût ; aussi le prince l'apprit-il presque tout par cœur [1]. »

Ayant tracé son plan dès le commencement (nous ne pouvons penser que Condillac ait fait autrement), il était naturel que Boileau précédât Racine : Boileau devait donner au prince l'occasion de bien apprécier Racine, parce que, en lisant Racine, il lui serait facile de reconnaître l'influence que Boileau exerça sur son style et sur ses pensées. Pour employer les mots de d'Alembert : « Il (Boileau) eut dans Racine un disciple qui aurait suffi pour lui assurer l'immortalité. »

Après avoir lu *Le Lutrin* le prince commença à étudier des comédies. Ce fut Molière que Condillac choisit. Puis vinrent les tragédies, principalement celles de Corneille et de Racine. En outre des avantages qui résultaient de ces pièces pour l'étude du langage, leur objet était de donner au prince une idée du drame, « comment une action s'expose, s'intrigue, se dénoue, comment les événements se préparent, comment ils

[1] *Motif des études*, p. CXXIX.

sont amenés sans être prévus[1] ». Il put voir comment
un personnage soutient un caractère ; il put distinguer
les personnages épisodiques et il put juger de leur utilité et de leur inutilité. Il avait déjà appris dans l'origine des lois comment les hommes agissent, poussés
par la nécessité ou le besoin. L'action est maintenant
transportée des champs ou de la rue sur la scène. Les
hommes sont placés ici dans les situations que l'on suppose leur avoir été imposées par la nécessité, et le
prince put voir comment l'auteur a tiré parti de ces situations pour arriver au dénouement.

Un fait distinct dans l'étude du langage est l'importance que Condillac attache à la *surprise*. Outre l'étude
des caractères, il y avait aussi l'étude des événements
inattendus. Il dit expressément que son dessein était de
forcer le prince à voir non seulement comment les événements se préparent, mais aussi comment ils sont
« *amenés sans être prévus* ». Le premier soin dans l'enseignement du langage fut de faire naître *l'intérêt* du
prince pour les personnes et les événements et pour les
relations qui existent entre les uns et les autres. Condillac ne parlait pas encore de littérature, pas plus que
de prosodie. Même sans cela, le prince éprouvait une
grande difficulté à comprendre le sens de la poésie.
Nous pouvons facilement en croire son maître quand il
dit qu'au début la poésie parut bien plus difficile au
prince que les leçons préliminaires. Condillac, cependant, s'attendait à cette difficulté et il avait réglé son
instruction en vue de cette difficulté. Les premières
leçons ne furent presque que des explications, et le travail imposé à son élève était fort peu de chose.

Condillac s'efforçait surtout de le faire comprendre au
prince, et pour cela il pensait que chaque mot avait besoin d'une explication. Les vers semblaient écrits dans

[1] *Motif des études*, p. cxxviii.

une langue étrangère et c'est pourquoi il ne demandait
pas au prince de comprendre tout ce qu'il lisait. Le
maître se trouvait satisfait quand l'élève comprenait
assez la pièce pour suivre l'action. Si une première lecture n'était pas suffisante, on la répétait autant de fois
qu'il était nécessaire pour arriver au but que se proposait Condillac, c'est-à-dire l'intelligence du sens :
« Mais insensiblement les explications devinrent moins
nécessaires et les lectures devinrent plus longues.....
après plusieurs lectures, nous parvenions à tout entendre [1]. »

Il faut noter que, jusqu'à ce moment, il n'avait rien
dit de la grammaire. Pourtant, quand le prince fut assez
familiarisé avec la langue des poètes, un nouveau travail commença alors. Condillac donnait au prince
quelques vers de Racine et lui faisait faire la paraphrase
en prose, mais toujours en lui faisant substituer d'autres
mots aux mots employés par le poète. Ce n'était pas
encore là le plus grand avantage que le prince pouvait
en retirer, c'était surtout une preuve de son habileté
à saisir le sens de ce qu'il avait lu. Vient ensuite une
étude technique de la poésie. « Voulant lui donner une
connaissance plus développée de la poésie, je lui fis
lire *L'Art poétique* de Despréaux et pour achever de lui
faire connaître ce poète, nous lûmes encore quelques-unes de ses meilleures satires et de ses meilleures
épîtres [2]. »

Mais cette étude ne traitait pas de la grammaire technique (le choix de *L'Art poétique* est confirmé par les
écoles françaises d'aujourd'hui. Il est encore considéré
comme digne d'occuper une place importante pour la
formation du style) et quoique Condillac l'ait fait étudier par une paraphrase en poésie et en prose, ce fut

[1] *Motif des études,* p. cxxix.
[2] *Ibid.,* p. cxxviii.

seulement pour apprendre à son élève le vocabulaire.
Les exercices de lecture, au point de vue de la diction,
suivirent cette étude. L'élève était forcé de rendre
compte, en un style narratif, de ce qu'il venait de lire,
ce furent des lectures à haute voix « jusqu'à ce qu'il
m'en eût fait un précis[1] ».

Condillac pensait que la grammaire ne devait pas
être commencée tant que l'élève ne s'était pas familiarisé avec les beautés de la langue et tant qu'il n'en
avait pas assez la pratique pour bien parler. Quand
elle eut été acquise par la méthode indiquée plus haut,
la grammaire fut commencée. Les poètes n'en furent
pas moins continués et il leur adjoignit quelques lettres
de Mme de Sévigné. Les lettres étaient choisies d'après
les progrès de l'enfant et de manière à l'amuser. Celui-ci ayant alors acquis une connaissance suffisante
des meilleurs écrivains, spécialement des poètes, quoique des prosateurs y fussent mêlés, il était temps pour
le prince d'apprendre à écrire par lui-même. Pour
cela, Condillac composa son livre L'Art d'écrire, qui
fut basé sur les leçons du langage et de la grammaire.

Comme nous l'avons vu, la définition que donne
Condillac de la grammaire est la suivante : « C'est un
système de mots qui représente le système des idées
dans l'esprit lorsque nous les voulons communiquer
dans l'ordre et avec les rapports que nous apercevons[2]. »

Sa définition de L'Art d'écrire n'est pas très différente, puisque, selon lui, ces deux sujets sont les
mêmes : « L'Art d'écrire n'est que ce même système porté au point de perfection dont il est susceptible[3]. »

---

[1] Motif des études, p. CXXXIV.
[2] Ibid., p. CXXXVII.
[3] Ibid., p. CXXXVII.

Immédiatement après se trouve une étude des *Tropes*,
de M. Dumarsais.

En se rapportant à ce qui suit, il serait bon d'avoir
quelques idées des *Tropes*. Leur auteur les définit
ainsi : « Des différents sens dans lesquels on peut
prendre un même mot dans une même langue[1] ». C'est
la définition du livre et, comme on peut facilement le
voir, ce n'est que la continuation de l'étude déjà commencée par Condillac. Mais ceci n'est pas tout, le but
du livre que donne son auteur est : « Ouvrage qui peut
servir d'introduction à la rhétorique et à la logique[2]. »

Il nous faut noter que pendant ce temps le prince
suivait une étude systématique et régulière de la Bible;
la Bible choisie était celle de Royaumont et il apprenait
aussi un catéchisme qui traitait de l'histoire de la religion. Le livre employé était celui qu'avait écrit l'abbé
Fleury. Avec ces ouvrages il étudiait *L'Origine des
Lois.*

Le moment était venu d'entrer dans une autre branche
d'études. L'art de parler et d'écrire n'était qu'un développement des différentes espèces d'idées « et pour développer les opérations de l'âme, il était nécessaire de
combiner le goût formé par les études littéraires chez
le prince avec la leçon préliminaire sur l'âme. Le
prince avait appris dans cette leçon que dans l'âme se
trouve le siège de la comparaison, du jugement, de la
réflexion, de l'imagination. Mais il n'avait pas appris la
manière de les combiner et d'arriver à une conclusion
infaillible. Par l'étude des *Tropes* fut complétée mo-
mentanément l'étude du langage. La première leçon
préliminaire des différentes espèces d'idées était développée à fond, mais, en outre, selon le plan de Dumarsais, ce livre devait occuper une place intermédiaire

[1] Voy. la Préface.
[2] Id.

ontre le langage et la logique. C'est exactement la voie
que suivit Condillac, car le sujet qui devait être étudié
était la logique et le livre écrit dans cette pensée fut
appelé *L'Art de raisonner.*

Condillac avait des idées originales sur la logique.
Il soutenait que l'arrangement des mots pour en former
un syllogisme n'est pas le raisonnement, mais simplement une sorte de manipulation faite après que le raisonnement a déjà eu lieu. Afin de montrer son entière
désapprobation pour cette « manipulation », il disait :
« En s'arrêtant à cette forme, qui substitue les mots aux
idées, on ne fait qu'un jargon[1] ».

Il voulait que son élève étudiât de la logique ce qu'il
pouvait comprendre. Il voulait que ces exercices fussent
faits de telle sorte que l'enfant pût observer, comparer
et juger avant d'arriver à une conclusion exacte. Il
voulait aussi lui faire toucher du doigt ce fait que les
hommes qui ont le mieux raisonné ont été ceux qui ont
observé, qui ont comparé et qui ont jugé. Son enseignement de la logique serait alors une sorte d'histoire
des découvertes de l'esprit humain. Les philosophes et
leurs travaux devaient donc être étudiés, mais il ne
faut pas croire que ce fût là une *étude* de la philosophie.

C'est alors que commença l'étude du latin. Elle avait
été retardée jusqu'à ce moment, parce que, dans l'esprit
de Condillac, on ne peut demander à un élève d'être mis
aux prises avec trop de difficultés à la fois. Il doit
apprendre, en étudiant sa propre langue, les règles de
la syntaxe communes à toutes les langues. Il doit apprendre ce qui constitue la beauté et l'élégance des
expressions en lisant non pas les chefs-d'œuvre des
anciens, mais ceux de sa propre langue. Il trouvait

[1] *Motif des études,* p. CXXXIV.

qu'il n'y avait rien de plus propre à donner à un élève
le dégoût de toutes les études que de lui demander des
choses au-dessus de ses forces. Il est, en effet, croyons-
nous, le premier en France qui soutienne que ce soit
assez pour un enfant de faire une chose à la fois. Cette
méthode est très en hon   aujourd'hui; Condillac
n'a pas dit expressément   ne doit faire qu'une
étude principale à la fois,   cependant le principe
qu'il a suivi. Sa doctrine est clairement et succinctement exprimée par lui : « Car s'il est utile de laisser
à un enfant des difficultés à surmonter, il ne faut pas
le rebuter par des obstacles, ou trop multipliés ou trop
grands; et toute l'attention doit être de proportionner
les difficultés à ses forces et de ne lui en *présenter jamais qu'une à la fois*[1].»

Son intention était même de réduire les difficultés
d'une étude à une seule difficulté à la fois. Les différences de syntaxe entre le français et le latin étaient
présentées de telle sorte que c'était un passe-temps
plutôt qu'une étude, car elles provoquent la curiosité
de l'enfant. Il suivait les avis de Locke jusqu'à prendre
soin que son élève ne fût point obligé de résoudre lui-
même toutes les difficultés au commencement. Pour
atteindre ce but, il lui donnait une traduction interlinéaire du texte qui devait être lu. Mais il abandonna
cette méthode, si fortement soutenue par Milton et Dumarsais, quand son élève posséda un nombre suffisant
de mots latins.

Condillac appréciait donc le système des traductions
interlinéaires, ne voulant lui donner qu'une étendue
limitée, et il ne s'en servit qu'au commencement de
l'étude d'une langue étrangère.

Alors commença la seconde période de l'étude du

---

[1] *Motif des études*, p. CXLI.

latin. Il considérait que le prince ne pouvait pas encore
entreprendre seul la traduction latine, quoiqu'il fût per-
suadé que son élève était capable de laisser de côté la
traduction interlinéaire. Il devait avoir pour cela une
préparation particulière. Une traduction exacte est un
exercice qui demande une longue étude, laquelle lui fut
donnée par le maître lisant de concert avec lui. Tout
d'abord ils lurent ensemble quelques traités en français
sur la poésie lyrique, par exemple, la *Henriade* et
l'*Essai sur la Poésie épique* de Voltaire. L'*Art poé-*
tique d'Horace vint ensuite comme une préparation
pour quelques-unes de ses odes et de ses satires. Le
maître et l'élève lisaient ensemble et celui-ci n'avait pas
le souci de chercher les mots dans le dictionnaire. La
troisième période fut celle où l'élève fut livré à lui-
même. On écarta les traductions interlinéaires et l'enfant dut traduire seul sans le secours du maître. C'est
ainsi qu'il traduisit l'*Énéide* de Virgile, les *Bucoliques*
et les *Géorgiques*. Il reprit aussi les ouvrages d'Horace qu'il lut et relut, ainsi que les *Métamorphoses*
d'Ovide.

A l'avenir, le prince, placé jusqu'alors sous la conduite immédiate de Condillac, va avoir son travail divisé entre Condillac et M. de Keralio. Nous savons que
le prince avait eu quelques rapports auparavant avec
M. de Keralio en cultivant son jardin[1]. Mais celui-ci
n'apparaît pas comme professeur jusqu'au moment où
l'élève commence à traduire les *Métamorphoses*. A
partir de ce moment, cependant, le prince aura un travail régulier avec M. de Keralio. Condillac mettra tous
ses soins à l'enseignement de l'histoire.

On ne dit pas exactement l'époque à laquelle le
prince interrompit ses études sur les poètes français.
Condillac dit simplement : « Quant à la lecture des

---

[1] *Discours préliminaire,* p. XXVII.

poètes français, nous l'interrompîmes lorque le prince
eut beaucoup lu plusieurs tragédies de Corneille, tout
Racine, tout Molière, tout Regnard et toutes les pièces de
théâtre de M. de Voltaire[1] ». Ce fut évidemment avant la
fin de la troisième année qu'il fit étudier au prince, dont
la mémoire était encore fraîche, *L'Art de penser*. Cette
étude servit de lien entre la littérature et l'histoire qui
sera, pendant six années, l'étude principale dans l'éducation du prince. On lui enseigna les mathématiques en
même temps que l'histoire. M. de Keralio était chargé
de cette partie de l'éducation. Il semble avoir été plei-
nement d'accord avec le plan de Condillac, qui voulait
réduire toutes choses en éducation à quelques principes
généraux. Son premier soin fut de montrer au prince
que les quatre opérations en arithmétique se réduisent
logiquement à une seule : « Après lui avoir fait observer
comment se fait la numération, il lui fit comprendre
que les quatre opérations de l'arithmétique ne sont
qu'une conséquence de la manière dont se fait la numération même, et il le prépara à étudier les éléments de
mathématiques et de géométrie[2]. »

On observera que ce fut cette même méthode qui fut
employée jusqu'ici pour le prince. Elle consiste d'abord
à ramener une science à un ou deux principes fondamentaux.

Viennent ensuite quelques explications préliminaires
destinées à préparer l'esprit de l'élève, et enfin c'est
l'étude technique, proprement dite, qui commence.

Sous le titre de mathématiques on lui enseigna l'al-
gèbre, les équations jusqu'aux équations du second
degré, ainsi qu'un traité très élémentaire des sections
coniques. Il étudia aussi pendant ces six années, mais
nous ne savons pas avec quel succès, l'hydrostatique,

[1] *Motif des études*, p. CXLVI.
[2] *Ibid.*, p. CXLVII.

l'hydraulique, l'astronomie et la géographie. Condillac dit lui-même simplement que *le prince les étudia*. Nous croyons pourtant que ce fut la partie qui laissa le plus à désirer. Condillac n'en fait mention qu'en peu de mots. Ce fut la seule partie de son éducation que le prince pensa qu'il lui était nécessaire de repasser. A la fin de son éducation, il appela, à Parme, les deux pères Le Seur et Jacquier pour faire une série d'expériences physiques[1], et le fait même est admis par Condillac, que le prince repassa alors tout ce qu'il avait étudié en ma-thématiques.

Il y a pourtant un point dans l'enseignement de la géographie qui nous montre que Condillac suivit une bonne méthode pour cette étude; elle consistait à faire dessiner des cartes par son élève[2]. Il n'est pas besoin de discuter la valeur de cette méthode d'enseignement de la géographie. Tout le monde connaît l'usage universel que l'on en fait aujourd'hui, mais il nous faut rappeler que Condillac employa cette méthode au milieu du XVIIIᵉ siècle. Le prince profita de son habileté acquise ainsi dans le dessin pour l' « architecture » militaire.

Nous n'attachons pas une grande importance à cette méthode que Condillac appelle « les plus grands secours » pour l'enseignement de la défense et de l'attaque dans la science militaire Le roi envoya à son petit-fils deux plans en relief[3]. Le premier montrait une place fortifiée pour un siège, « les arbres des environs sont coupés, les maisons abattues, les chemins creux comblés, etc. ...Les travaux les plus importants sont représentés, lorsqu'ils ne sont encore poussés que jusqu'à un certain point, enfin lorsqu'ils sont perfectionnés et solidement établis »... Le second plan est la même place attaquée

---

[1] *Motif des études*, p. CL.
[2] *Ibid.*, p. CXLVIII.
[3] *Ibid.*, p. CXLVIII.

comme dans le premier; mais on y voit de plus, par les pièces qu'on rapporte successivement, « les chicanes que les assiégés opposent aux progrès des assiégeants, les effets des sorties, ceux des fourneaux sous le glacis, les obstacles qu'on oppose au passage du fossé, à l'attachement du mineur, les retranchements dans les ouvrages, etc. »

Nous croyons que cette partie de l'éducation du prince n'était pas digne de cette place dans le système de Condillac. C'était l'abdication voulue d'une éducation basée seulement sur une méthode logique et l'emploi de ces expédients qu'il avait si scrupuleusement évités jusqu'alors. Nous ne pouvons pas concevoir comment Condillac en permit l'introduction dans son système, si ce n'est par ces mots : « *Le roi envoya au prince,* son petit-fils, deux plans en relief. »

Mais, pendant que M. de Keralio instruisait le prince sur les mathématiques, comme nous l'avons déjà dit, Condillac donnait tous ses soins à l'histoire : « Je considère l'histoire comme un recueil d'observations qui offre aux citoyens de toutes les classes des vérités qui intéressent chacun d'eux[1]. »

Telles étaient, en général, ses idées sur l'histoire, mais appliquées au prince elles devenaient plus explicites : « Un prince doit apprendre à gouverner son peuple; il faut donc qu'il s'instruise, en observant ce que ceux qui ont gouverné ont fait de bien et ce qu'ils ont fait de mal. Il faut qu'il respecte leurs vertus, qu'il chérisse leurs talents, qu'il plaigne leurs fautes et qu'il haïsse leurs vices; en un mot, il faut que l'histoire soit pour lui un cours de moralité et de législation[2]. »

Chez Condillac, l'histoire embrasse l'ensemble des efforts tentés pour constituer les sociétés, pour les perfectionner, pour les défendre ou pour les détruire.

[1] *Discours préliminaire,* p. XLVII.
[2] *Ibid.,* p. XLVII.

DEUXIÈME PARTIE

Origines des doctrines pédagogiques de Condillac

Il est intéressant de remarquer l'analogie des doctrines sur l'éducation contenue dans les systèmes des
grands éducateurs des divers pays. Il est vrai que les
idées philosophiques d'un maître devraient et doivent
se manifester d'elles-mêmes dans son plan d'éducation.

Il importe beaucoup, quand on veut étudier un plan
d'études, d'établir si l'éducateur appartient à l'école
réaliste ou à l'école idéaliste. On dit d'ordinaire : « Tel
philosophe, tel éducateur », mais cette assertion n'est
pas toujours vraie. Locke est une exception remarquable et incontestable. Le système de Condillac, semble-t-il, est presque entièrement en rapport avec sa
philosophie. Cependant sa philosophie empruntait des
opinions sur l'éducation à un grand nombre d'hommes
célèbres qui furent ses devanciers. Comme nous le di-
sions au début, il est difficile de classer Condillac soit
au nombre des réalistes soit parmi les idéalistes. Et de
même, il est également difficile de dire exactement
quelle partie de son système d'éducation fut empruntée
à ces maîtres et aussi quelle partie fut le résultatt de sa
philosophie. Quelquefois, quand nous sommes convaincu que l'un et l'autre principe de son système est
le résultat logique de sa philosophie, nous nous aper-

cevons, à la réflexion, que ce même principe était déjà
contenu dans le système de quelques autres éducateurs,
ses devanciers.

Et alors, quand nous trouvons que telle partie était
certainement due à l'influence qu'un éducateur, appar-
tenant manifestement à une autre école philosophique,
avait exercée sur lui, nous reconnaissons, par une étude
approfondie, que la philosophie même de Condillac devait admettre un principe pédagogique identique. Nous
allons faire une sorte de parallèle entre ces doctrines
pédagogiques et celles de quelques-uns des éducateurs
les plus célèbres qui l'ont précédé. Nous n'osons pas
dire qu'il fut influencé directement par eux, parce que,
en général, quand la ressemblance se produit, la doctrine en question peut être tirée de sa philosophie. Il
est intéressant, cependant, de noter certaines analogies, certaines coïncidences. Et quand nous aurions
prouvé que toutes ses doctrines étaient des doctrines
d'emprunt, il n'en faudrait pas conclure le moins du
monde que cette démonstration fût de nature à les in-
firmer. Cela prouverait, au contraire, que Condillac
était au courant, non seulement des idées de ses contemporains sur l'éducation, mais aussi de celles des
maîtres de toutes les époques; et qu'il s'efforçait loya-
lement d'établir un système en puisant ici une idée, là
une autre, en prenant à tel éducateur et à tel autre et
de former un tout de ces éléments disparates.

L'opinion générale, que Condillac fut influencé par
Locke en écrivant son système d'éducation, tient sans
doute à ce qu'il est généralement admis qu'il subit
aussi l'influence de sa philosophie. Il n'y a pas entre
ces deux hommes autant d'analogie qu'on pourrait le
croire quand on les considère comme éducateurs. Naturellement, il y a certains principes fondamentaux communs qui sont au fond de toute éducation.

Condillac, influencé par la philosophie de Locke, ne

serait pas conséquent avec lui-même en acceptant entièrement la pédagogie de celui-ci, parce qu'il n'y a pas
toujours une harmonie parfaite entre sa pédagogie et sa
philosophie.

Citons, par exemple : « Il y a des hommes d'une constitution physique et intellectuelle si fortement et si
heureusement organisée qu'ils n'ont pas bien besoin du
secours des autres ; mais par la force même de leur
nature, ils sont portés, dès le berceau, vers le bien, et
par le privilège de leur heureuse constitution ils sont
capables d'engendrer des merveilles[1]. »

Tandis que nous pensions avoir trouvé l'influence de
Locke, nous reconnaissons, après une observation plus
attentive, que Locke avait lui-même pris cette idée chez
Montaigne ou chez Milton[2]. Nous ne pouvons pas dire
en toute certitude que Locke a exercé une influence
capitale sur lui. Cependant nous remarquons quelques
points de ressemblance à l'aide desquels le lecteur
pourra probablement assigner leur place respective.
Mais avant de le faire, nous signalerons quelques diver-
gences de vue entre Locke et Condillac.

Chez Locke, la partie physique de l'homme était la
chose principale et la plus digne de considération. Pour
lui tout est subordonné à un corps sain[3].

Il donne des préceptes très explicites pour obtenir ce
résultat. Il n'oublie aucun principe, depuis la façon
d'apprendre aux enfants à mâcher, jusqu'au genre de
lit sur lequel ils doivent dormir. Il indique l'âge auquel
il est permis à un enfant de commencer à manger de la
viande, et également la quantité de pain qu'il doit
manger[4].

---

[1] *Des Pensées*, pp. 1, 2.
[2] *Tractate*, de Milton, publié en 1644.
[3] *Des Pensées*, pp. 1, 2.
[4] *Ibid.*, §§ 15, 16.

Condillac ne dit rien de particulier concernant le corps lui-même. A son désavantage, il faut dire qu'il ne s'est pas préoccupé du tout de cette partie importante de l'éducation de l'enfant. Cependant, lorsqu'on lui eut confié l'éducation du prince de Parme, il fit faire un petit jardin pour celui-ci. Le prince y sema des graines, récolta la moisson, vit les fleurs s'épanouir et mourir. Ceci, comme nous l'avons remarqué, avait deux buts : l'observation de la nature et la récréation. Cela était excellent, mais ne suffisait pas encore. Il n'en est pas moins vrai que dans ses idées générales sur l'éducation, le moyen de développement physique de l'homme n'est pas mentionné[1].

Locke passe au développement moral qui, d'après lui, doit être aussi le résultat de la souffrance. Il dit que « le grand principe et le fondement de toute vertu et dignité reposent sur ceci : que l'homme soit capable de mettre un frein à ses propres désirs et de lutter contre ses penchants[2] ». Pour y arriver, il recommande de refuser aux enfants la satisfaction de leurs désirs, simplement parce qu'ils les ont manifestés. Nous ne préconisons pas cette manière d'agir, quelque bonne qu'elle puisse paraître pour le développement moral de l'enfant, ou, selon l'expression de Locke, quelque « obéissant à la discipline que nous puissions le supposer ». Il y a discipline et discipline, et si l'auteur des *Pensées* avait eu une plus grande expérience de la pratique des écoles, s'il avait tenu compte des tempéraments divers confiés à ses soins, nous croyons qu'il aurait atténué cette partie de ses conseils. Nous ne considérons pas que ce soit un mal pour les enfants de désirer certaines choses, et s'il n'y a pas de mal dans l'acte de désirer, il ne doit pas y avoir de punition

---

[1] *Discours préliminaire*, p. XXVII.
[2] *Des Pensées*, §§ 31, 32.

attachée à cet acte. Il y a deux manières de refuser à
un enfant ce qu'il demande. La première est celle
que Locke soutient si fort : celle de refuser, simplement parce qu'il y a manifestation d'un désir et en
omettant de donner une raison quelconque du refus.
L'enfant est renvoyé sans avoir rien obtenu. Il a l'impression que la volonté du maître ou du père est parfaitement arbitraire et qu'elle ne trouve qu'en elle-même
la force qui la fait agir. Incontestablement, l'autorité du
maître est solidement assise au moyen d'une telle méthode, ce qui ne nous empêche pas de penser cependant
qu'elle ne soit entièrement fausse.

La deuxième manière est de montrer à l'enfant la
raison et la justice du refus, et que souscrire à son désir
serait contraire à ses meilleurs intérêts. Par là il comprend que la volonté du maître est suprême, que même
au cas où ses désirs sont combattus, il y a derrière cette
volonté de l'affection pour lui et une raison qui est la
garantie et la sauvegarde de son intérêt. Ainsi lui apparaît la véritable valeur de la discipline en même
temps que le pourquoi du refus qui lui est opposé : la
soumission d'une raison inférieure à une raison supérieure et la subordination du caprice à la raison. Condillac ne discute pas le sujet comme le fait Locke. Il ne
pose pas de règle, il n'exprime aucune opinion ; mais à
travers tout son système, nous voyons une plus haute
conception du développement des facultés ; en effet, le
maître est, en grande partie, responsable des désirs de
ses élèves. Et ainsi, s'il veut constater chez eux des
désirs justes, il doit les conduire judicieusement dès le
début.

Locke traite longuement du principe d'autorité[1]. Il
voudrait établir l'autorité du maître à n'importe quel
prix. Sa première méthode, cependant, n'a d'autre ré-

_____
[1] *Des Pensées,* §§ 40, 41, 42.

sultat que de faire naître dans l'esprit de l'enfant la terreur du maître. « Si vous voulez lui inspirer de la terreur, impressionnez-le pendant l'enfance.... La peur et
la terreur doivent vous fournir le premier pouvoir sur
leur esprit[1]. » Lorsque les enfants sont pleins de crainte
et de terreur, il faut que l'amour vienne ensuite et
domine. Ce n'est point une exagération de dire que le
système d'éducation de Locke est le suivant : Employer aussi longtemps que possible les moyens de
crainte et de terreur, puis, quand l'élève a atteint l'âge
où ces moyens ne le touchent plus, commencer à l'aimer
et faire de l'amour le *principe* directeur.

Cette méthode met au rang subalterne l'amour qui,
même en matière d'éducation, est le grand levier. Aimez
les enfants lorsqu'ils ne peuvent plus être terrifiés ;
aimez-les seulement dans un but purement pratique.

Mais la terreur ne trouve pas de place dans la pédagogie. Le maître qui ne peut pas commander le respect
autrement qu'en inspirant de la crainte et de la terreur
dans l'esprit des enfants est indigne de respect. Nous
n'avons jamais vu un maître se conduisant correctement qui n'inspirât pas à ses élèves, outre le respect, de
l'amour. Où l'amour règne, l'autorité est établie. La
seule autorité digne de ce nom est cette force silen-
cieuse, invisible, qui émane de la personne du maître,
nous dirions presque à son insu. Nous ne pouvons pas
concevoir un maître au caractère bien trempé, s'intéressant à ses élèves et qui n'inspire pas un absolu
respect.

Sur ce point, les vues de Condillac et de Locke dif-
féraient totalement. Condillac ne pensait pas que l'autorité valût la peine d'être discutée et il a gardé le
silence sur ce point. Il avait Locke contre lui, mais il

[1] *Des Pensées,* § 40.

avait pour lui son grand compatriote, Montaigne. Montaigne avait dit : « L'autorité de celui qui enseigne est souvent un empêchement à ceux qui désirent apprendre. Il est bon de laisser l'enfant, comme un jeune poulain, trotter devant son maître, de façon à ce que celui-ci puisse juger de son allure et comment il doit ralentir la sienne pour l'accommoder à la vigueur et à la capacité de son élève... C'est le fait d'une âme judicieuse de savoir condescendre aux moindres mouvements de l'enfant et de les gouverner et de les diriger[1]. »

Le premier soin de Condillac était de conquérir l'amour et la sympathie de son élève, comme nous l'avons déjà fait remarquer, et il ne se souciait pas le moins du monde de la question de savoir si la discipline devait être obligatoire. En effet, il laissa la discipline à l'arrière-plan où l'on doit toujours la retrouver, et le principe néfaste de crainte et de terreur ne trouve pas place dans son système. Il acceptait une doctrine plus élevée qui est plus digne de l'homme quoiqu'elle semble opposée à sa philosophie, qu'il y a un sentiment instinctif de crainte respectueuse dans l'homme. Il laissait complètement de côté l'idée première de Locke sur l'éducation morale, celle de la louange. Locke a dit : « Amener un élève à subordonner ses appétits à la raison, je ne connais rien qui y contribue plus que l'amour de la louange[2]. »

Condillac pensait que l'acquisition de jour en jour de forces nouvelles était suffisante pour amener l'enfant aux plus grands efforts. Il s'exerçait lui-même à montrer à son élève que sa raison et sa réflexion se développaient chaque jour davantage, et il avait pleine con-

[1] Montaigne, *Essais : De l'institution des enfants.*
[2] *Des Pensées*, § 200.

fiance pour obtenir des résultats dans l'amour du savoir
inné chez l'enfant.

En effet, si l'on lit seulement *Des Pensées*, de Locke,
il est évident que tout ce plan d'exercice moral et
intellectuel repose sur ce principe du blâme et de la
louange.

Nous sommes surpris de trouver une absence de méthode chez Locke. Il donne son opinion sur la marche à
suivre dans deux ou trois branches élémentaires, telles
que la lecture et l'arithmétique, mais il semble n'avoir
pas compris cette idée que la méthode en éducation a
une base scientifique. Il dit : « Le succès peut être
obtenu en éducation par le simple moyen de bonnes
méthodes[1]. » Mais ce qu'il appelle de bonnes méthodes
se borne à de vulgaires procédés et de simples expédients indignes d'un philosophe.

Condillac, au contraire, est tout à fait partisan d'une
méthode régulière. S'il y a une chose qui caractérise
son système plus qu'aucune autre, c'est le soin scrupuleux qu'il prend pour relier d'une façon logique chaque
sujet à ceux qui suivront. Comme Locke, il aime à
dire que la connaissance est agréable à l'intelligence
comme la lumière aux yeux ; mais chez l'un de ces philosophes c'était un motif de se fier aux circonstances et
à l'instinct inné pour la méthode ; tandis que chez l'autre
c'était une raison de plus d'observer toujours et scrupuleusement la méthode. L'enfant apprendra et s'instruira
sans méthode dans son instruction, mais son esprit sera
seulement un magasin rempli de matières d'une assimi-
lation difficile, dont il ne pourra faire usage.

Ce que Locke préconise dans ses *Pensées* c'est que
l'éducation doit toujours être agréable et attrayante. Nous
avons donc raison de croire que s'il nous avait donné

---

[1] *Des Pensées,* § 167.

un traité sur la méthode, ce dernier eût été basé sur
ce principe. Il doit s'être aperçu cependant, il doit avoir
compris dans ses dernières années, qu'il avait fait erreur
dans ses premières conclusions sur ce point, parce que
dans l'*Essai sur la conduite de l'entendement humain*
il modifie presque complètement ses vues.

Quant à l'ordre dans lequel les divers sujets doivent
être enseignés, nous ne pouvons pas donner l'opinion
de Locke, parce qu'il semble véritablement se contre-
dire. Par exemple, il dit : « Tout notre savoir doit commencer par les choses qui relèvent des sens et non
par les abstractions de la logique et de la métaphysique. »
Mais, en parlant de philosophie naturelle, il dit qu'il
y a dans la logique deux parties : celle qui traite de
l'esprit et celle qui traite du corps. Par conséquent,
l'étude de l'esprit doit précéder celle du corps (parce que
la nature est trop incompréhensible pour la réduire en
une science), mais simplement, comme un exercice
pour l'esprit[1], qui nous amènera rapidement à une compréhension plus complète du monde intellectuel vers
lequel nous sommes conduits à la fois par la raison et
par la révélation. Il ajoute encore cette autre raison que
la nature étant une chose que nos sens peuvent connaître, notre esprit s'en empare aisément et en exclut
toute autre chose, sauf elle-même[2].

Donc, avant qu'un enfant s'absorbe dans l'étude des
sens, il doit être bien versé dans celle de l'esprit. Cette
idée semble avoir dominé chez lui et s'être développée
avec l'âge. Dans l'*Essai*, nous trouvons ces mots :
« Les objets corporels extérieurs qui tombent constam-
ment sous nos sens et captivent nos appétits ne manquent pas de remplir nos têtes d'idées vives et durables
comme eux. Ici l'esprit n'a pas besoin de chercher à

Des Pensées, § 192.
[2] *Ibid.*, § 100.

acquérir un plus grand nombre de ces connaisances,
elles se présentent d'elles-mêmes si vite et ordinairement
en si grand nombre que l'esprit a besoin d'attention
pour assimiler les autres qui lui sont plus nécessaires.
En conséquence, pour préparer l'esprit à un semblable
travail, il faut avoir soin de le nourrir d'idées morales
et abstraites, car celles-ci ne se présentent pas d'elles-
mêmes aux sens, mais ont leur origine dans l'entendement. Nous poussons généralement la négligence au
point de finir par nous imaginer que nos facultés morales n'ont besoin d'aucun exercice, et je crains que l'esprit de bien des hommes ne soit plus dépourvu de pareilles idées qu'on ne pourrait le penser[1]. » Ici on pourrait dire avec quelque raison que Condillac eut l'idée
d'introduire de bonne heure l'étude des choses abstraites
dans l'éducation. Au cas où cela serait vrai, le but de
cette introduction à ce moment des études n'était pas
le même que celui de Locke.

Il ne faisait pas entre le concret et l'abstrait une
différence marquée. Pour lui, la ligne de démarcation
n'était pas véritablement claire.

Condillac, comme Socrate, n'entendait point la psychologie à la façon des hommes de nos jours, comme
une étude purement spéculative et une sorte d'histoire
naturelle de l'âme. Pour lui, l'étude psychologique n'est
qu'un moyen d'arriver à la logique et celle-ci un moyen
d'arriver à la morale et au raisonnement. Il considère
ce que nous appelons des abstractions comme convenable
à la première partie de l'éducation, parce que, dit-il,
l'élève par ce moyen arrive à une idée exacte de ses
propres forces et des instruments avec lesquels il aura
à travailler plus tard.

La raison donnée par Locke pour assigner cette place
à ce sujet est peut-être plus idéale dans sa nature que

---

[1] *L'Essai sur l'entendement humain*, p. 28, section IX.

celle de Condillac. Quoique Locke fasse une distinction précise entre les choses concrètes et les choses abstraites, il ne paraît pas voir que le maître rencontrera quelque difficulté à enseigner ces premières. Condillac voudrait enseigner l'abstrait par induction, absolument comme le concret. Par là les choses abstraites se rapprochent beaucoup du concret, de telle sorte que l'élève fait très difficilement la différence entre les deux.

Les motifs qui conduisent à cette méthode sont si différents chez les deux hommes que nous ne savons si Condillac reçut son idée de Locke.

Locke soutient aussi qu'aussitôt qu'un élève peut parler sa propre langue, il doit commencer à apprendre une langue étrangère. Il ne dit pas que l'élève doit être capable d'apprécier les beautés de sa propre langue avant de commencer le latin. Son avis est de le commencer aussitôt que l'enfant a étudié une langue étrangère pendant une année. D'après cette opinion, l'élève doit commencer à étudier le latin une année, au plus tard, après son entrée à l'école[1].

Et ainsi, l'élève doit commencer à apprendre trois langues, dans le cours de ses études, un an après son entrée à l'école. Sa propre langue, une langue vivante étrangère (Locke recommande le français pour les élèves anglais) et le latin. Elles doivent être enseignées non pas par la littérature, mais par la conversation.

Il ne fait point de distinction entre l'étude de la langue et la littérature ; en effet, il n'y a point de place pour l'étude de la littérature dans son système.

L'élève peut terminer le cours complet de langues préconisé par Locke et sans rien connaître encore de la littérature. L'étude du latin, quoique nécessaire à un « gentleman », doit être faite pour son utilité propre.

[1] *Des Pensées*, §§ 163, 164, 165.

7

Les livres lus doivent traiter des questions suivantes :
minéraux, plantes, animaux et finalement des arbres
fruitiers et des bois de construction, de l'anatomie, de
l'astronomie et de la géographie[1]. (Il n'est pas difficile de
constater ici l'influence de Milton.) Son système d'enseignement des langues est un mélange des doctrines
de Milton et de celles de l'école matérialiste de son
temps.

Condillac, au contraire, ne pensait pas qu'il fût sage
de commencer le latin avant que l'élève n'eût appris sa
propre langue. Il ne fait mention de l'étude d'aucune
langue étrangère. En ce qui concerne le prince de
Parme, le latin ne fut pas commencé avant la troisième
année de ses études. Il passa ce temps à approfondir les
principes de sa propre langue, en lisant les meilleurs
auteurs et en étudiant la grammaire. Arrivé à ce point
de l'étude des langues, Condillac dit : « Il n'avait pas
encore été question de latin, parce qu'avant d'entreprendre l'étude d'une nouvelle langue, il faut savoir la
sienne, et surtout avoir assez de connaissances pour
n'être arrêté que par les mots. Si j'eusse fait du latin
le premier objet de nos leçons, combien le prince n'aurait-il pas perdu de temps à l'étude de la grammaire ?
Comment l'aurais-je mis en état de sentir les *beautés*
de cette langue ? Quel écrivain aurait été à la portée
d'un enfant dépourvu de toute connaissance et quel
avantage aurais-je trouvé à lui faire lire en *latin* des
choses qu'il n'aurait pas entendues en français[2] ? »

Ceci est assez explicite pour être considéré comme
une critique de l'opinion de Locke, qui était très lu à
cette époque. Condillac soutient que dans une certaine
mesure, en étudiant sa propre langue d'abord, « il se
formait d'ailleurs le goût et il se préparait à sentir,

---

[1] *Des Pensées,* § 109.
[2] *Motif des leçons,* p. CXLI.

dans une langue étrangère, des *beautés* qu'il commençait
à sentir dans la sienne[1] ».

Quant à la façon dont le latin doit être enseigné, une
fois commencé, Locke et Condillac semblent être plus
ou moins d'accord. Condillac n'insiste pas sur la conversation en latin, mais il préconise l'usage de la traduction interlinéaire, Locke recommande, si on ne peut
pas donner à l'élève un maître de cette langue, de lui
donner un livre simple avec une traduction interlinéaire[2]. Puis, aussitôt que l'élève a fait quelque progrès
dans la traduction interlinéaire, le maître doit lui donner Justin ou Eutrope[3]. Condillac dit que la méthode interlinéaire de l'enseignement de la langue est précisément la même que celle qu'un enfant suit en apprenant
sa langue maternelle, et c'est bien celle qu'il suivit
avec le prince Ferdinand[4]. Il dit : « Je suivis pendant
quelques mois la méthode de M. Dumarsais (c'était une
méthode basée sur le système interlinéaire), mais je l'a-
bandonnai lorsque le prince put se passer de ce secours,
c'est-à-dire lorsqu'il eut appris beaucoup de mots latins
et qu'il se fut familiarisé avec la syntaxe de cette langue[5]. »

Puis, il passe à l'étude d'Horace. Locke choisit Justin ou Eutrope. Condillac choisit Horace. La raison
n'est pas difficile à saisir ; elle repose seulement sur la
différence de conception que les deux hommes avaient
de la nécessité de l'étude du latin comme littérature.
Condillac attribue cette influence à Dumarsais, cependant c'était aussi une des doctrines favorites de Milton,
mais, chose étrange, ni Milton ni Locke n'avaient aucune idée de l'avantage qui peut être retiré de la com-

---

[1] *Motif des leçons*, p. CXLII.
[2] *Des Pensées*, § 167.
[3] *Ibid.*, § 168.
[4] *Motif des leçons préliminaires*, p. LIII.
[5] *Motif des études*, p. CXLIV.

paraison d'une langue moderne avec une langue ancienne. Condillac cependant enseignait le latin principalement, cherchant à fixer dans l'esprit de son élève
des différences de syntaxe et de construction entre les
deux langues. Il dit que cela intéressait beaucoup le
prince et que son étonnement était grand lorsqu'il re-
marquait des différences[1].

Quant à l'étude de la grammaire technique, Locke
n'en voulait pas du tout, excepté pour ceux qui cher-
chent à s'élever et à se distinguer dans la science du
langage[2]. Les enfants, dans le *Grammar Schools,* ne
devraient pas en être embarrassés. Les hommes parvien-
nent à une élégance remarquable d'expressions sans rien
savoir de la grammaire, et ceci dans toutes les langues.
Mais Montaigne a dit avant Locke et il est possible que
Locke ait été influencé par lui : « Nous sommes retenus
cinq ou six années pour n'apprendre que les mots et
pour en former des phrases ; autant pour faire des exercices et pour analyser un discours..... Laissons ceci aux
savants[3]. »

Condillac donna à l'étude de la grammaire une des pla-
ces les plus importantes dans son *Cours d'Études.* Il est
d'accord avec Locke pour reconnaître que l'instruction de
l'élève ne doit pas être commencée de trop bonne heure,
et il dit, en effet, « l'étude serait plus fatigante qu'utile si
on y arrivait trop tôt[4] ». Il ajoute : « Messieurs de
Port-Royal ont les premiers porté la lumière dans les
livres élémentaires[5] », et on aurait supposé que le traité
sur la grammaire qui devait suivre serait basé sur les
mêmes principes que les livres écrits par Messieurs de
Port-Royal. Nous ne pouvons pas, cependant, trouver

[1] *Motif des études,* p CXLIII.
[2] *Des Pensées,* § 168.
[3] *Essais,* chap. XXII.
[4] *Motif des études,* p. CXXXIV.
[5] *Grammaire,* p. 3.

quoi que ce soit dans la grammaire qui approche du plan de Port-Royal. En plaçant la grammaire générale avant la grammaire particulière, il abandonna l'esprit carté- sien de Port-Royal. Nous ne trouvons aucune ressem- blance entre la grammaire de Condillac et les éduca- teurs qui l'ont précédé. Comme nous l'avons montré dans la discussion des « leçons préliminaires », la grammaire n'en était qu'une amplification. Elle reste dans son système comme quelque chose de complète- ment original.

L'antipathie naturelle de Locke pour la poésie expli- que peut-être ses doctrines à ce sujet. Non seulement l'enfant ne doit pas être poussé vers la poésie, mais si l'on aperçoit qu'il a quelques dispositions poétiques, tous les efforts doivent être faits pour l'en détourner. Si l'a- mour de la poésie domine chez lui, l'élève, en devenant un homme, n'aura aucun goût pour les autres profes- sions ; il se laissera aller à de mauvaises compagnies, et celui qui fait de la poésie la veille trichera au jeu le lendemain[1].

Condillac avait une opinion contraire et fondait son éducation en littérature presque entièrement sur les poètes. Il considérait l'étude de la poésie comme le moyen le plus sûr de développer le goût.

Locke n'était pas d'avis de permettre aux enfants d'apprendre par cœur des morceaux de littérature clas- sique. Son objection reposait surtout sur ce qu'une telle étude les rendrait pédants[2].

Condillac nous dit que le prince de Parme apprenait presque toutes les œuvres de Racine par cœur ; il le faisait pour développer sa mémoire[3]. Il croyait qu'il est possible de cultiver cette faculté. Des expressions comme

---

[1] *Des Pensées*, § 174.
[2] *Ibid.*, § 175.
[3] *Motif des études*, p. cxxviii.

« le prince avait naturellement de la mémoire et je la cul-
tivais avec soin..., il ne faudrait pas négliger la mémoire.
Je réservais la poésie pour accoutumer sa mémoire à plus
d'exactitude [1] » nous donnent une idée nette de l'opinion
de Condillac sur la culture de la mémoire. Il assigne à
cette faculté un rôle presque aussi grand que le fait
M. Bain. Locke pensait que la mémoire ne s'améliore
pas en apprenant des leçons par cœur. « L'esprit se
souvient le mieux des choses sur lesquelles il s'est
arrêté avec le plus de soin [2]. » Voilà qui nous donne
une idée de ce que pensait Locke de la culture de la
mémoire.

Quand nous avons dit plus haut que Condillac se servait des poètes pour former le goût du prince, nous
avons touché un point qui peut-être a besoin de quelques
explications. Nous voulons dire que c'était chez les
poètes que Condillac voulait cultiver le goût esthétique
de son élève. Cousin a dit : « Locke et Condillac n'ont
pas laissé un chapitre, ni même une seule page sur le
beau [3]. »

Cela peut être vrai de Locke qui s'est le plus rap-
proché de la discussion de l'esthétique dans ses remarques sur la musique. Cependant, il n'attache pas une
grande importance à la musique et ne la considère que
comme un délassement [4]. Mais si l'assertion de Cousin
est vraie pour Locke, nous ne pouvons l'accepter pour
Condillac. Si la conception du *beau* de Condillac avait
été la même que celle de Cousin, cette assertion serait
vraie. Pourtant il n'a pas laissé une seule ligne sur cette
chose indéfinissable que Cousin appelle le beau qui
semble n'appartenir ni à la réalité ni à l'idéal, et qui
n'est pour lui qu'une idée vague et abstraite.

---

[1] *Motif des études*, p. CXXXVI.
[2] *Des Pensées*, § 176.
[3] Cousin, *Du vrai, du beau, du bien*, p. 135.
[4] *Des Pensées*, § 107.

La définition du beau chez Condillac est « tout ce qui plaît à la vue, à l'ouïe et au toucher... ce qui flatte les passions est bon, ce que l'esprit goûte est beau, et ce qui plaît en même temps aux passions et à l'esprit est bon et beau tout ensemble [1] ».

Ainsi c'est chez Condillac un terme relatif, dépendant beaucoup du caprice. Ce qui peut être considéré comme beau aujourd'hui ne le sera pas demain. Avec cette idée du beau, l'éducation de Condillac est pleine de l'idée de l'esthétique, et il ne tombe pas justement sous le coup de Cousin. La conception du beau est si différente de celle de ce dernier que s'il avait fait une critique de la philosophie de Cousin, nous pouvons bien imaginer qu'il aurait dit : « Cousin n'avait pas laissé une page sur le beau. » Mais il n'est pas dans notre plan de discuter Cousin et Condillac ou d'essayer d'établir la justesse de la conception de l'un ou l'erreur de la conception de l'autre. Nous nous contentons de distinguer Condillac et Locke, que Cousin a réunis, ce qui nous semble une erreur, et de démontrer que Locke n'a pas exercé d'influence sur Condillac au point de vue de la place qu'il donnait au beau dans l'éducation. En effet, Condillac semble avoir été influencé beaucoup plus par Socrate que par Locke [2].

Au sujet de la philosophie naturelle, Locke parle avec mépris de l'étude dans les écoles. Il dit que comme il y a tant de systèmes de philosophie naturelle parmi les hommes, et qu'ils sont tous différents, le sujet n'est pas devenu, et ne pouvait pas devenir, une véritable science, parce que les œuvres de la nature sont ordonnées avec tant de sagesse et parlent d'une façon si éminente que nos facultés ne peuvent pas les con-

---

[1] *Traité des sensations*, p. 471.
[2] Ravaisson, Rapport, p. 22. Xen. *Memor.*, I, III, chap. x.

cevoir. C'est pour cela que cette matière ne doit être l'objet d'aucune étude[1]. Pourtant il parle avec éloquence de « l'incomparable Newton[2] », et de l'application qu'il fit des mathématiques aux sciences naturelles.

Condillac conçut peut-être la première idée de son cours de philosophie naturelle à propos de l'objection que faisait Locke à ce que nous venons d'avancer. Ce sujet occupait certainement une place importante dans son système et le même « incomparable Newton[3] » est étudié en même temps que les phénomènes du monde. Il n'était pas satisfait d'avoir fait étudier à son élève ce que la marquise du Châtelet disait de Newton, mais il lui faisait aussi apprendre ce que Voltaire avait dit de lui à ce même propos.

Locke préconise, comme le fait Condillac, l'étude de l'histoire. Il l'appelle « la grande maîtresse de prudence et de la connaissance civile[4] », définition qui rappelle celle de Condillac. Chacun voulait avoir une étude complète du sujet, avec peu d'égards pour les dates, mais Locke insiste sur ce que l'histoire doit être lue en latin, dans les auteurs tels que Justin, Eutrope et Curtius. Ceux-ci pour les jeunes élèves, afin de les préparer plus tard à la lecture d'auteurs plus difficiles[5].

Condillac, comme nous l'avons vu, fait un cours complet d'histoire pour le prince ; ce fut seulement après que son élève eut fait certains progrès qu'il lui fit lire quelques historiens latins, tels que Tite-Live, les lettres principales de Cicéron à Atticus, la vie d'Agricola et les mœurs des Germains.

Nous pensons, cependant, d'après l'histoire écrite par

[1] *Des Pensées*, § 103.
[2] *Ibid.*, § 101.
[3] *Motif des études*, p. CXL.
[4] *Des Pensées*, § 182.
[5] *Ibid.*, § 181.

Condillac et les œuvres citées ci-dessus, que ces auteurs latins étaient lus comme des textes de référence plutôt que comme livres d'école. On voit tout de suite que les auteurs latins préconisés par lui sont les mêmes que ceux qu'il a recommandés pour le commencement de l'étude du latin.

Il y a, pourtant, des traits de ressemblance remarquables entre ces deux grands hommes et beaucoup d'analogie entre leurs opinions. Mais, ces points, en général, ne sont pas les grands principes fondamentaux du système de Condillac, ils occupent plutôt un rang secondaire à côté d'autres influences que nous examinerons plus tard. Très souvent, les deux hommes paraissent avoir eu le même principe général, mais il y a une dissemblance totale dans l'application que chacun d'eux en fait.

Locke dit : « L'habitude agit d'une manière plus constante et avec plus de facilité que la raison qui, lorsque nous avons besoin d'elle, est rarement consultée et, en outre, rarement obéit[1]. » Condillac parle de l'association des idées, qui est un résultat d'habitudes :

« Ces liaisons, lorsqu'elles deviennent familières, sont autant d'habitudes auxquelles la pensée obéit, sans aucune réflexion de notre part[2]. »

Mais chez Locke même, cette idée n'était pas originale ; nous la retrouvons exactement chez Coménius et de Coménius jusqu'à son maître Bacon. Dans le *New Atlantis*, celui-ci va jusqu'à appeler l'éducation « une habitude précoce », et pour former cette habitude il recommande que l'instruction soit, dès le début, sage et judicieuse. Ce fut en s'emparant de cette idée que Coménius conçut l'idée de *Mothers'-lap School*.

Mais il appartenait à Condillac de faire une science

[1] *Des Pensées*, § 110.
[2] *Discours préliminaire*, p. xx.

de cette formation de l'habitude. Les autres avaient senti la nécessité d'une bonne habitude, mais personne ne s'était aventuré, pas même Bacon, à donner une marche à suivre qui fût le meilleur moyen de développer cette habitude. Condillac découvrit le principe de l'association des idées. Il n'oublia pas que l'éducation est une « habitude précoce », mais il fit plus et affirma que c'est d'après l'association des idées que nos habitudes sont bonnes ou mauvaises[1].

Nous avons fait remarquer que l'idée de *variété* ou de *curiosité* figurait souvent dans l'éducation du prince de Parme. Nous avons déjà approuvé ce principe psychologique, appliqué à l'éducation des jeunes enfants. A ce sujet, Locke dit : « La nouveauté seule les attire, quel que soit l'objet qui se présente ; ils sont immédiatement désireux de comprendre ; le même objet les fatigue très vite, aussi trouvent-ils presque tout leur plaisir dans le changement et la variété[2]. » Condillac réalise cette pensée dans une certaine mesure, mais pourtant pas à un degré extrême. Ce recours à la nouveauté n'était qu'un moyen propre à atteindre un but, et en l'employant, il ne cherchait pas à épargner toute difficulté à l'élève.

Locke préconise le moyen suivant qui fut mis en pratique très scrupuleusement par Condillac au début de l'éducation : « Présentez d'abord une idée et assurez-vous si les enfants ont parfaitement compris avant d'aller plus loin, et puis ajoutez une idée simple qui se rapproche beaucoup du but que vous voulez atteindre... et ainsi leur savoir s'étendra plus loin qu'on n'avait pu l'espérer. »

Condillac, après avoir suivi ce procédé de l'associa-

---

[1] *Discours préliminaire*, p. XXII.
[2] *Des Pensées*, § 167.

tion des idées, dit : « Les notions les plus abstraites sont à leur portée, lorsqu'on leur en montre la génération [1]. »

Ici encore nous trouvons que Condillac poussait le développement de ses principes beaucoup plus loin que Locke. Locke parle simplement de donner une idée, puis une autre. Quant à Condillac, il mettait une telle relation entre la première idée et la seconde que l'une rappelait nécessairement l'autre. Locke tend toujours en avant sans se préoccuper de ce qui précède et sans jeter un regard en arrière sur le chemin déjà parcouru. Mais Condillac a toujours présent à la pensée le début aussi bien que la fin.

Un autre principe qui a peut-être été posé par Locke est l'objection contre l'étude trop prématurée de la grammaire dans l'éducation de l'enfant. Après avoir discuté l'inanité de cette coutume, il ajoute, afin de mieux nous faire comprendre : « Je veux parler de ceux qui sont encore à l'âge où cette étude ne leur procure que de l'ennui dans les *Grammar Schools* [2]. »

Condillac dit : « L'étude de la grammaire serait plus fatigante qu'utile, si on la commençait trop tôt. »

Mais Roger Ascham avait dit : « Il y a un moyen plein de vie et d'intérêt d'enseigner les règles. Cependant, le procédé employé dans les écoles communales, qui consiste à étudier seulement la grammaire, est fastidieux pour le maître, ennuyeux pour l'élève et désagréable pour tous les deux [3]. » En effet, cette idée a pris naissance chez les humanistes.

C'est peut-être chez Locke que Condillac trouva l'idée de placer dans son cours l'étude des lois. Là encore, c'est à un point de vue bien différent qu'ils se placent

---

[1] *Motif des études*, p. cxxv.
[2] *Des Pensées*, § 168.
[3] *The Scholemaster*, p. 201.

pour étudier cette science. Pour Locke, on doit apprendre à l'élève les fondements de la société civile et le droit naturel, parce qu'avec de la vertu, la connaissance du latin et du droit civil, ainsi qu'avec une bonne écriture, un jeune homme peut « trouver emploi et estime partout[1] ».

Pour Condillac, l'étude du droit avait pour but d'apprendre au prince certaines leçons morales : c'était comme une étape naturelle entre « l'enfance du monde » et l'étude de la littérature. En le préparant à entreprendre l'étude de l'origine des lois, il discuta l'influence des causes physiques et morales et lui montra que les sociétés sont toujours soumises à de perpétuels changements, et, dit Condillac : « Il devait s'accoutumer à juger que ce qui se fait n'est pas toujours ce qui se doit faire; en voyant des préjugés partout, il devait commencer à se méfier de lui-même, il devait craindre d'en avoir et il se préparait à s'en défaire[2]. »

Nous disons que *peut-être* cela était de Locke, mais nous préférons croire, selon toute évidence, qu'il tenait cette idée directement de Rabelais. Dans une lettre que Gargantua écrit à son fils Pantagruel, on trouve cette phrase, parmi d'autres plus ou moins intéressantes : « Quant aux lois civiles, je veux que tu les apprennes par cœur et que tu les compares ensuite avec la philosophie[3]. » Comme nous le voyons, il y avait beaucoup plus de ressemblance avec la manière d'enseigner la loi et la philosophie chez Condillac, qui réunissait toujours ces deux objets.

Pour la logique, Locke n'avait pas de livre à donner à l'élève; celui-ci doit l'apprendre par « les bons modèles et par la pratique ». Condillac n'aime également

---

[1] *Des Pensées*, § 185.
[2] *Motif des études*, p. CXXVII.
[3] Cité par Laurie (*Educational opinions*, p. 51).

pas voir les livres employés par les élèves de son temps;
nous avons vu sa profonde antipathie pour l'étude des
syllogismes. Pour se conformer à l'idée de Locke sur
« les bons modèles », il choisit les meilleurs philosophes et étudie soigneusement leur recherche de la
vérité et de la raison. En outre, il faisait étudier au
prince un livre préparé spécialement pour lui : *L'Art
de raisonner*.

Selon Locke, la rhétorique doit être enseignée exactement de la même façon, c'est-à-dire par de bons modèles et par la pratique[1]. Nous avons vu comment Condillac aussi employa longtemps les bons auteurs pour
former le goût de son élève, mais dans cette matière
même il ne se contentait pas d'accepter les principes
de Locke, le prince devait aussi apprendre : *L'Art
d'écrire*.

Parmi les principes de Locke en ce qui concerne la
récréation, on trouve le jardinage[2]. Nous avons vu
que la seule récréation du prince consistait en un petit
jardin où « il semait les graines et récoltait les mois-
sons ». Cela nous porte à croire que Condillac avait lu
les recommandations de Locke. Nous croyons qu'il fut
directement influencé par lui en cette matière. Dans un
plan d'éducation si complet et embrassant tant de choses
nous ne pouvons nous expliquer cette omission du développement physique, à moins d'en trouver la cause
dans cette pensée, qui fut peut-être celle de Condillac,
qu'il n'avait pas le droit de s'expliquer sur un point sur
lequel avait gardé le silence un homme qu'il regardait
comme plus autorisé que lui en cette matière. Tout le
monde sait que Locke ne se préoccupe presque pas de
cette partie de l'éducation. S'il y avait un chapitre où
nous pouvions nous attendre à le voir traiter par lui

[1] *Des Pensées*, § 188.
[2] *Ibid.*, § 201.

tout particulièrement, c'était celui-ci; parce qu'il était
médecin et qu'il connaissait bien toute la valeur d'un
semblable exercice. En cette matière, Locke n'était pas
même aussi avancé que Rabelais. Ce dernier soutient
toujours que la gymnastique doit avoir sa place marquée en éducation. Il semble s'être inspiré de l'idée
grecque qu'au point de vue moral même, il ne faut pas
négliger cette partie du développement complet de
l'homme. Nous croyons qu'il est vrai de dire que toute
l'école des matérialistes ne se préoccupait presque pas
du développement physique, mais on ne peut pas dire
que Condillac appartient à cette école, quoiqu'il y ait
bien des traits dans son enseignement de la littérature
marqués au coin d'une ressemblance frappante avec les
idées émises par les matérialistes à ce sujet. En matière d'éducation physique, Condillac ne fait aucune recommandation et le fait que le prince avait un jardin,
conformément à l'idée émise par Locke, nous montre
que Condillac avait lu les doctrines de celui-ci. Il serait
raisonnable, semble-t-il, de dire que si le médecin
Locke ne vit pas la nécessité de donner d'autre récréation que le jardinage, Condillac a cru que cet exercice
physique était probablement suffisant.

Au sujet de la mémoire, leurs vues sont absolument
identiques. « La mémoire, dit Locke, peut être surchar-
gée, mais le jugement est préférable et le nombre des
connaissances ne s'accroît pas parce qu'on est capable
de répéter ce que d'autres ont dit ou de produire les arguments qu'on trouve chez eux [1]. » Bien que Condillac
crût à la culture de la mémoire, il dit : « Celui qui ne
sait que par cœur ne sait rien en quelque sorte [2]. »

Mais, avant Condillac et Locke, Montaigne avait
écrit : « C'est un signe d'indigestion de vomir ce que

[1] *Des Pensées*, § 176.
[2] *Discours préliminaire*, p. XIV.

nous avons mangé dans les mêmes conditions que nous
l'avons avalé. Nous pouvons citer des phrases de Cicéron ou des mots d'Aristote, mais quand pouvons-nous
dire que c'est une idée qui nous est propre? Qu'enfan-
tons-nous? Que jugeons-nous? Un perroquet pourrait
en dire autant [1] ! »

Quant aux idées de Locke sur les qualités du maître,
elle doivent être étudiées. Il dit : « Le grand travail
d'un maître consiste à former l'esprit et à façonner l'intelligence, à donner à son élève de bonnes habitudes et
les principes de la vertu et de la sagesse et, peu à peu,
un *aperçu sur l'humanité*. Il doit s'efforcer de lui faire
aimer et imiter ce qui est excellent et digne d'éloge [2]. »
Comparons les efforts de Condillac précepteur. Il dit :
« J'avais, en général, pour objet de faire prendre de
bonnes habitudes à l'esprit du prince, de lui donner, par
conséquent, des idées de *bien* des espèces, de l'accoutumer à les lier et de les garantir des fausses liaisons [3]. »

Nous savons aussi qu'il s'efforça de donner à son
élève un aperçu sur l'humanité.

Plus loin, Locke dit encore : « Pour fixer et conser-
ver l'attention de l'élève, le maître doit lui faire comprendre autant qu'il le peut l'utilité de ce qu'il lui enseigne et lui faire voir qu'avec ce qu'il a appris il peut
faire quelque chose qu'il ne pourrait pas faire sans
cela [4]. »

---

[1] *Essais*, p. 91. Montaigne ajoute : « Nous ne travaillons qu'à remplir la mémoire, et laissons l'entendement et la conscience vuide,
tout ainsi que les oiseaux vont quelquefois à la gueste du grain, et
le portent au bec sans le taster, pour en faire bechee à leurs petits ;
ainsi nos pedants vont pillotans la science dans le liures et ne la loget
qu'au bout de leurs leutes, pour la degorger seulement et mettre au
vent. »
[2] *Des Pensées*, § 91.
[3] *Discours préliminaire*, p. XXII.
[4] *Des Pensées*, § 167.

Locke ajoute, comme conclusion : « Le maître doit
se souvenir que son rôle consiste beaucoup moins à enseigner à son élève tout ce qui peut être appris que de
lui inspirer l'amour et l'estime du savoir et de le mettre
à même d'apprendre seul et de se perfectionner par lui-
même quand il en a l'aptitude[1]. »

Dans son dernier ouvrage (*L'Essai*) Locke parle
ainsi du raisonnement : « Peu de gens sont accoutumés
dès leur jeune âge à raisonner strictement, à bien indiquer la dépendance de chaque vérité dans une longue
suite de conséquences depuis les premiers principes et à
voir les relations avec d'autres vérités ; à moins de
s'être habitué par une longue pratique à ce noble emploi de l'intelligence, il est aussi impossible de parvenir
à ce haut degré dont nous parlions plus haut que de
tracer sur un plan, danser sur une corde ou bien écrire
sans jamais s'y être exercé[2]. »

Il semblerait suffisant, en effet, pour nous justifier,
de dire que la partie de la doctrine de l'éducation de
Condillac, qui s'appuie sur la raison dès le début, pourrait être trouvée chez Locke, et il est possible qu'il en
soit ainsi.

Ceci achève d'expliquer toute l'influence que nous
avons pu découvrir et que Locke exerça probablement
sur Condillac éducateur. Comme nous l'avons affirmé,
presque toute cette influence reçue par Condillac s'amé-
liora ou tendit vers la perfection. Cependant, en vérité,
si cette influence fut bien réelle, elle ne fut pas suffisante pour donner naissance aux idées de Condillac. Il
est facile de voir qu'elle ne s'exerce que sur les idées de
peu d'importance. Les grands principes fondamentaux
n'ont pas été touchés, on doit les chercher ailleurs. Nous

---

[1] *Des Pensées,* § 195.
[2] *L'Essai sur l'entendement humain,* chap. VI.

croyons qu'ils se trouvent chez un homme qui ne s'arrête pas aux minuties de l'éducation, et cet homme, croyons-nous, fut Bacon. Ceux qui étudient l'histoire et la pédagogie savent bien que les œuvres de cet homme furent très lues au moment exact où Condillac arriva sur la scène. Nous croyons qu'il est difficile de dire si telle idée de Condillac fait partie de la doctrine baconienne, mais, en tous cas, il considère son système comme un tout : nous voyons aussi la similitude de pensée des deux philosophes.

En premier lieu, chez Bacon, toute la méthode peut se réduire à ces mots : « Nous savons par induction. » Bacon insistait sur la vérification des impressions des sens. Ce n'est pas assez d'accepter le principe : « Nihil est in intellectu quod non prius fuerit in sensu », mais la manière dont ces impressions se produisent doit nécessairement être examinée et réduite en une formule. Dans une lettre écrite en 1609, il affirma que la seule différence entre les anciens et lui n'était pas dans la vertu de la race, mais dans la « rectitude de la méthode ».

Le second principe fondamental que nous voudrions noter est celui qui concerne la méthode. Dans le *Novum Organum* il dit : « L'homme qui est le serviteur et l'interprète de la nature ne peut comprendre et aller plus loin qu'il n'a observé, soit directement par ses actes, soit par la contemplation, la méthode ou l'ordre de la nature. Les hommes ont cherché à construire un monde d'après leurs propres conceptions et à tirer de leurs cerveaux tous les matériaux qu'ils employaient. Mais si, au lieu d'agir ainsi, ils avaient consulté l'expérience et l'observation, ils auraient raisonné sur des faits et non sur des opinions et pourraient avoir abouti à la connaissance des lois qui gouvernent le monde matériel. »

Nous avons déjà mentionné l'idée qu'il se fait d'un vrai maître, on la trouve dans le *De Augmentis*. Il

8

faut toujours préférer le maître qui « transplante la science dans l'esprit de son élève, de même qu'elle est née chez lui ».

Dans l'énoncé de ces principes on croirait entendre parler Condillac lui-même. Mais il existe un autre principe concernant l'ordre à suivre en matière d'éducation ; c'est dans le *New Atlantis* que nous allons le trouver.

Dans l'adresse au voyageur, on trouve :

« Dieu te bénisse, mon fils. Je veux te donner le plus grand joyau que je possède. Car je veux te *faire connaître*, pour l'amour de Dieu et des hommes, l'état réel de la maison de Salomon, et pour cela, mon fils, je conserverai cet ordre :

« 1° Je veux, avant toute chose, *établir* et te faire *connaître* le but de notre *fondation* ;

« 2° Les préparatifs et instruments nécessaires à notre travail ;

« 3° Les nombreux emplois et fonctions auxquels nos compagnons sont assignés ;

« 4° L'ordonnance et les rites que nous observons.

« Le but de notre fondation est la connaissance des causes et des secrets mouvements des choses, ainsi que l'élargissement des limites de l'Empire des Hommes pour l'exécution de toutes les choses possibles. »

TROISIÈME PARTIE

———

La doctrine philosophique de Condillac

La philosophie de Condillac est trop connue pour que nous croyions utile d'en discuter les mérites.

D'ailleurs, nous l'avons déjà dit, c'est surtout comme philosophe qu'il est connu, et une discussion de sa philosophie dépasserait le cadre de notre étude sur ses idées en matière de pédagogie. Il reste peu de chose à dire sur sa philosophie après toutes les études qui en ont été faites, et nous trouvons nombre d'appréciations très différentes sur son talent. J. de Maistre, dans son ouvrage sur Bacon, prend à partie Condillac; il dit, en termes emphatiques : « Condillac est un sot[1]. »

M. Ribot dit au contraire : « On a eu peur des conséquences et on a rejeté ses doctrines en bloc, sans s'inquiéter de ce qu'elles contenaient de bon[2]. « M. Villemain dit aussi que Condillac paraît moins vouloir servir une cause que fonder une science qui était grande : l'analyse de l'esprit humain. Il y consacra toute sa vie (Littérature du xviiie siècle).

Ainsi, nous pouvons multiplier les opinions des critiques sans changer la valeur de ses doctrines et sans augmenter la valeur de cette étude.

[1] Dewaule, Thèse 1892.
[2] Id., Thèse 1892.

Cependant il est nécessaire de considérer quelques-
unes de ses doctrines philosophiques qui entrent dans
son traité sur l'éducation. Si nous ne le faisions pas, le
lecteur serait amené à une conclusion fausse. Nous avons
donné un précis des méthodes qu'il employa avec le
prince de Parme. Nous avons cru voir une ressemblance marquée entre plusieurs de ses idées et celles
des éducateurs qui l'ont précédé, et ces ressemblances,
nous les avons notées dans le chapitre précédent. Il
nous reste à voir quelle partie de sa philosophie a eu
une influence directe sur ses idées en éducation, et ce
qui a pu l'influencer quand il a écrit un livre pour son
élève.

Nous trouvons le dessein de Condillac renfermé en
substance dans son premier ouvrage. Son dessein était
de remonter à l'origine de nos idées, en développer la
génération et de ramener à un seul principe tout ce qui
concerne l'esprit humain. Il trace la méthode que l'on
doit suivre pour accomplir cette grande tâche, l'observation et l'expérience[1]. Il dit que dans la métaphysique,
si l'on avait toujours suivi le chemin tracé par la nature,
comme les premiers observateurs l'on fait, « en allant
de connaissances en connaissances par une suite de
faits bien observés, les faits se seraient arrangés d'eux-
mêmes dans l'ordre où ils s'expliquent mutuellement
les uns les autres[2] ».

Chez Locke, nous trouvons une idée semblable, mais
Locke n'attribue pas tout à la sensation; il y ajoute la
réflexion ou le jugement. Condillac dit, cependant, que
la réflexion est seulement l'activité de la sensation ; il
s'ensuit logiquement que si nous avons bien observé,
nous avons reçu un grand nombre de sensations. Ainsi,
pour produire la réflexion, l'essentiel est d'avoir ces

---

[1] *Essai sur l'origine*, p. 9.
[2] *Traité des systèmes*, p. 10.

sensations bien nettes. Il réduit toute chose à la sensation. C'est la même doctrine que soutiennent, avec
tant de force, Stuart Mill et Herbert Spencer, P. Janet,
dans la *Revue des Deux Mondes* (août 1889), dit : « En
Angleterre, où l'on est convenu de mettre à l'honneur
du positivisme toute une grande école philosophique, on
a vu Stuart Mill réintroduire la psychologie subjective
de Condillac et de Locke[1]. »

Nous avons dit aussi que Herbert Spencer a soutenu
la même doctrine. « La validité de cette conclusion que
tout ce que nous sentons n'existe que comme nous le
sentons nous-même, dépend entièrement de ce postulat
que les sensations ont des antécédents hors de nous[2]. »

Condillac discute ensuite sur les origines pour soutenir ses doctrines; il cherche à établir l'évolution des
sens. Pour lui, le toucher est le plus important, parce
que les autres sens, pour avoir des impressions exactes,
dépendent de lui, mais le toucher lui-même est perfec-
tionné par l'évolution. Il ne faut pas confondre le mot
« impression » et le mot « sensation ». Condillac entend par « impression » l'acte organique, et par « sensation » l'acte mental qui résulte de l'acte organique.
Nous croyons que c'est à cause de cela qu'il n'a pas été
compris sur ce point. Nous trouvons pourtant qu'il n'explique pas d'une manière satisfaisante l'acte initial qui
est au fond la cause même de la sensation. Il dit :
« Si l'homme n'avait aucun intérêt à s'occuper de ses
sensations, les impressions que les objets feraient sur
lui passeraient comme des ombres et ne laisseraient
point de trace. Après plusieurs années il serait, comme
au premier instant, sans avoir acquis aucune connaissance et sans avoir d'autre faculté que le *sentiment.*
Si une multitude de sensations se font à la fois, avec le

---

[1] Cité par Dewaule.
[2] Préface de *Psychology,* vol. I, p. 213.

même degré de vivacité ou à peu près, l'homme n'est
encore qu'un animal qui sent [1]. »

Ici, Condillac introduit un mot nouveau : le mot « sentiment » qui exprime le résultat direct des impressions,
cependant il fait une distinction entre « sentiment » et
« sensation ». Il dit, en effet, que tant que l'homme
avec ses intérêts sera introduit dans l'équation, le résultat sera nul. Si nous comprenons bien cette doctrine,
elle signifie que les sens occupent la place d'un appareil de photographie, susceptible de recevoir les impressions du dehors, mais ces impressions ne donneront
jamais une image durable si une plaque sensible n'est
pas préparée avec soin pour produire une réaction et
pour donner une image. Mais quand bien même nous
accepterions cette théorie, nous ne pourrions encore
trouver l'origine du mouvement, non plus que la cause
logique et fondamentale de la sensation. Ce ne sont évidemment ni l'appareil, ni les objets, ni le photographe,
ni la lumière ou les ombres, ni les réactions chimiques,
ni toutes ces données ensemble qui font la photographie ; ils n'en donnent que l'impression. Il est bien certain cependant qu'un élément de chacun entre dans sa
confection, mais encore il y a quelque chose dans l'acte
initial qui fait l'image qui ne se trouve point en eux.
Condillac appelle cette première action, dans le corps
comme dans l'esprit, le « sentiment fondamental », et il
ajoute : « Je l'appellerai sentiment fondamental, parce
que c'est à ce jeu de la machine que commence la vie
de l'animal ; elle en dépend uniquement. Étant exposée
ensuite aux impressions de l'air environnant et de tout
ce qui peut le heurter, son *sentiment fondamental* est
susceptible de bien des modifications dans toutes les
parties de son corps [2]. » Il se refuse à croire que quel-

[1] *Logique,* chap. IV, p. 15.
[2] *Traité des sensations,* p. 167.

ques-unes des sensations puissent nous être indifférentes, mais, pour lui, toutes les sensations sont agréables
ou désagréables. « Sentir et ne pas se sentir bien ou
mal sont deux impressions tout à fait contradictoires[1]. »

C'est peut-être pour cela que Condillac attache une si
grande importance aux impressions et c'est pour cela
qu'il parle de l'intérêt de l'homme entrant dans la sensation. Cette psychologie a sa place marquée dans une
discussion de pédagogie. C'est un point qui n'est pas
encore parfaitement élucidé. M. Bain croit qu'il est possible d'avoir des sensations indifférentes :

« Nous pouvons sentir, dit-il, et cependant n'être ni
heureux ni malheureux. Un *sentiment* peut être très
intense sans être ni agréable ni désagréable : un tel
sentiment s'appelle neutre ou indifférent. Un sentiment
bien familier : la surprise, servit d'exemple[2]. »

Nous supposons que M. Bain emploie ici les mots
« sentiment » et « sensation » les uns pour les autres.
Mais, en réalité, est-il possible de concevoir une sensation indifférente? Il semble vraiment que M. Bain ait
choisi un exemple qui ne convainque pas du tout ses
lecteurs, quoiqu'il appelle cela « un sentiment bien familier ». C'est justement parce que c'est un sentiment
bien familier qu'il ne sera pas accepté. Le fait même
qu'une chose produise une surprise présuppose que
cette surprise soit le résultat d'une sensation agréable
ou désagréable.

Condillac veut faire un emploi très important de ces
sensations de plaisir ou de douleur. Il trouve le commencement de tout effort, soit du corps, soit de l'esprit,
dans ces sensations. « Le plaisir et la douleur sont nos
premiers maîtres ; ils suffiraient à notre développement,
et l'art de raisonner nous serait inutile si nous n'avions

---

[1] *Traité des sensations,* ch. II, p. 72.
[2] *Émotions et vol.,* p. 13.

jamais à juger de ce qui a rapport aux besoins de première nécessité[1]. » « C'est toujours le plaisir et la douleur qui sont le premier mobile de nos facultés[2]. »

C'est ici que semble être l'acte initial pour les actions
après que la sensation a été fournie. Il prétend que le
plus grand plaisir de l'homme consiste à exercer ses facultés et que, une fois l'objet sur lequel les facultés agissent est ôté, l'homme ressent la plus grande douleur.
La perte de la richesse, par exemple, est douloureuse
seulement parce qu'une partie de l'activité de l'âme
reste sans un objet sur lequel elle puisse s'exercer elle-
même.

Aussi, le plus grand plaisir de la possession est né
quand l'homme compare son état de fortune avec un
état de pauvreté dans lequel il pourrait se trouver. En
faisant cette comparaison, l'homme s'exerce lui-même à
dompter tout ce qui pourra lui servir. Mais il y a des
degrés dans le plaisir et le plaisir lui-même peut devenir une peine. La physiologie a ses lois et quand le
plaisir les viole, la douleur en résulte.

Cela arrive quand le plaisir ne peut être augmenté
sans cesser d'être un plaisir. Ainsi, le plaisir peut donc
être augmenté au point de devenir une douleur. La
douleur, au contraire, quand elle augmente, ne devient
jamais un plaisir, mais elle détruit le corps et l'esprit.
Si le plaisir est diminué, cela tend à une diminution de
sentiment, mais si la douleur est amoindrie, elle devient de moins en moins désagréable jusqu'à sa complète disparition quand le plaisir naît. C'est pour cela
que Condillac considérait le plaisir et la douleur comme
étant intimement liés, et même comme deux modes de
la même sensation.

Les penchants aussi sont alors liés à ces sensations

---

[1] *Logique*, ch. 1ᵉʳ.
[2] *Traité des sensations*, p. 07.

de plaisir ou de douleur. L'animal est capable d'avoir
des sensations agréables ou désagréables ; et celles-ci
sont pour lui son « premier maître ». Mais les animaux
ne sont dirigés que par le désir d'éviter la douleur
quand ils luttent pour leur préservation. Condillac dit
que parce que l'homme connaît la mort, que l'animal ne
connaît point, son amour-propre est formé d'un amour
du *plaisir* et d'un amour pour sa préservation. Ajou-
tons à cela que les penchants des hommes sont vicieux
ou vertueux et qu'ils sont les mêmes que ceux des animaux qui n'ont pas de valeur morale. « Notre amour-
propre a encore un caractère qui ne peut convenir à
celui des bêtes. Il est vertueux ou vicieux, parce que
nous sommes capables de connaître nos devoirs et de
remonter jusqu'aux principes de la loi naturelle. Celui
des bêtes est un instinct qui n'a pour objet que des
biens et des maux physiques[1]. »

C'est pourquoi, suivant Condillac, il n'y a que deux
sortes de plaisir ou de douleur :

1° Les plaisirs du corps ou plaisirs physiques ;

2° Les plaisirs de l'esprit ou de l'âme ou plaisirs spirituels.

Mais l'homme n'est pas toujours capable de faire
cette distinction et avant qu'il soit arrivé à pouvoir la
faire, il lui faudra beaucoup d'années d'expérience.

Ainsi donc, Condillac réduit la sensation du plaisir et
de la douleur à une évolution.

Sous le nom de *sensations*, il nous faut comprendre le
besoin, le désir et la passion.

Condillac dit que c'est une bonne chose que les
hommes aient eu des besoins, autrement, ils auraient
été satisfaits de leur condition et ils n'auraient pas été
capables d'apprécier le plaisir. Ce n'est pas à dire que
l'homme n'eût pu vivre, mais sa vie aurait été d'un

---

[1] *Traité des animaux*, p. 500.

ordre bien inférieur, une telle existence ne produisant
naturellement que des hommes d'une médiocre intelligence et de peu de force. Avec le besoin, il a peu à peu
appris à observer et à se mettre en sécurité contre les
retours du besoin, et c'est ainsi que sa puissance s'est
successivement accrue.

Ces besoins, insiste-t-il, ont été et sont encore les
premiers facteurs de tous les progrès spirituels, moraux et physiques. En parlant d'un enfant il dit : « Ses
besoins sont le motif qui le détermine à observer. C'est
pourquoi il apprend bientôt à faire connaître ses désirs
et ses craintes, à s'assurer des dispositions où l'on est à
son égard, et à se procurer les secours qui lui sont nécessaires. » En parlant de l'origine des sociétés, il
ajoute aussi : « Toutes les connaissances se bornaient à
quelques observations que le besoin avait fait faire et
qui étaient en trop petit nombre pour qu'on sentît la
nécessité de les distribuer dans différents corps. »

Cette idée apparaît plusieurs fois dans ses ouvrages;
c'est le besoin qui détermine notre activité. Le besoin
obligeant l'homme à agir, celui-ci a fait des observations et ainsi il s'est élevé jusqu'aux spéculations concernant la cause et l'effet. Sa curiosité est fortement
excitée (la curiosité, selon Condillac, n'est que le désir
de quelque chose de nouveau) et il est devenu agressif,
marchant à la conquête du monde extérieur. Ainsi du
premier besoin, celui de la nourriture, dans une ascen-
sion graduelle l'homme arrive à une spéculation qui, à
son tour, devient un besoin pour son esprit.

Si le besoin n'est pas satisfait, il devient un désir.
Condillac n'est pas d'accord avec Locke et Malebranche
sur la définition de ce mot désir. Locke dit que le désir
est l'inquiétude causée par une chose absente, qui si
elle était présente produirait un plaisir[1]. Malebranche,

<hr/>

[1] Cité par Condillac, Extrait raisonné, p. 9.

au contraire, dit qu'il est un « mouvement de l'âme¹ »,
tandis qu'il le place entre le besoin et la passion. Un
besoin non satisfait produit un désir (il faut nous souvenir que dans l'évolution, même la spéculation est
devenue un besoin) et un désir non satisfait devient une
passion. Un désir qui devient si puissant qu'il peut chas-
ser tous les autres, il le définit comme une passion².

Les passions ont leur origine seulement dans l'amour
ou la haine, et ceux-ci, à leur tour, ont leur origine
dans le plaisir et la douleur. Mais, dit Condillac, de
même qu'il peut y avoir plusieurs degrés différents
dans l'inquiétude, de même, « il faut également distinguer dans l'amour et dans la haine. Nous avons même
des mots à cet usage : tels sont ceux de goût, penchant,
inclination, éloignement, répugnance, dégoût ». Ceux-
ci ne peuvent pas être substitués aux mots « amour » et
« haine », parce qu'ils diffèrent de l'amour et de la
haine par leur intensité beaucoup moins grande.

Mais l'espérance et la crainte sont nées aussi du même
principe que l'amour et que la haine. Les sensations
agréables ou désagréables que l'on peut produire comme
un résultat de la passion font juger que l'on peut les reproduire encore si l'on veut. Si ce jugement est associé
à l'amour d'une sensation qui est agréable, il produira
l'espérance; si, au contraire, il est joint à une sensation
qui est désagréable, c'est la peur qui est produite :
« En effet, espérer, c'est se flatter de la jouissance d'un
bien ; craindre, c'est se voir menacé d'un mal³. »

Voilà, telles qu'elles nous apparaissent, les idées de
Condillac sur l'évolution des sensations, ou, comme
M. Dewaule l'appelle, l' « évolution individuelle⁴ ».

¹ Cité par Condillac, *Extrait raisonné*, p. 9.
² *Traité des sensations*, ch. III, p 92.
³ *Ibid.*, p. 94.
⁴ Dewaule, Thèse 1902, présentée à la Faculté des Lettres, à Paris,
Condillac et la psychologie anglaise contemporaine.

Nous voyons cette partie de la philosophie de Condillac dans tous les ouvrages écrits par lui, spécialement dans son histoire. C'est aussi dans l'évolution des
sensations que sa pédagogie se rapproche le plus de sa
philosophie. Ses vues sur l'association des idées, de
même qu'elles forment une des parties les plus originales de sa philosophie, n'ont pas moins d'intérêt à
cause de l'importance qu'il leur donne dans l'éducation.
C'est peut-être l'évolution qui est la plus importante en
raison de la place primordiale qu'il lui assigne dans
son éducation aussi bien que dans sa philosophie.
Aujourd'hui, on accepte universellement cette doctrine
comme un principe fondamental de l'éducation. M. Marion
dit : « L'association des idées est moins une faculté
proprement dite que la loi générale qui régit *toutes nos
conceptions*. En réalité, toutes nos conceptions viennent
de l'expérience antérieure dont elles sont l'écho plus ou
moins fidèle, c'est donc, avant tout, la mémoire qui
nous les fournit ; mais, une fois qu'elles sont en pro-
vision dans l'esprit elles se lient, se combinent entre
elles de mille manières. Or, la loi qui les condamne à
n'être jamais isolées, mais à s'appeler les unes les
autres et à s'enchaîner entre elles, est ce qu'on appelle
l'association des idées[1]. »

Le premier soin d'un maître d'école primaire est de
fixer un certain nombre de connaissances dans l'esprit
d'un jeune enfant, au moyen des relations qui existent
entre ces nouvelles connaissances et celles qu'il avait
déjà. Il n'y a pas de « cultivateur de mémoire » (car
c'est ainsi qu'ils s'appellent) qui, n'ait pour principe
fondamental l'association des idées. C'est ainsi que,
même aujourd'hui, l'association des idées est généralement considérée comme une assistance qui aide la mémoire à opérer rapidement et sûrement.

[1] H. Marion, *Psychologie appliquée à l'éducation* (1882), p. 305.

Nous croyons que Condillac fut le premier à donner une telle importance à cette association en philosophie, et certainement il fut le premier à lui donner sa place dans un système d'éducation. Quelle était sa doctrine ? Nous ne pouvons qu'en donner un extrait : « Les idées se lient avec les signes et ce n'est que par ce moyen, comme je le prouverai, qu'elles se lient entre elles[1]... Le premier principe de nos connaissances qu'ont souvent cherché les philosophes est la liaison des idées[2]... Ce principe est l'unique cause de toutes les qualités de l'esprit[3]. »

« Nous ne pensons qu'autant que nous lions nos idées[4]. »

Il discute sur les choses qui se présentent ordinairement dans la vie courante et il explique que nous recevons nos idées grâce à cette même loi de l'association. L'on attend que le soleil se lève et se couche ensuite, parce que l'on remarque qu'il s'est levé et couché plusieurs fois, et cette décision n'est exprimée avec tant de confiance que parce qu'elle a toujours été confirmée par l'expérience. De même, la succession du jour et de la nuit nous semble toute naturelle, parce que nous l'avons remarquée. De même aussi, nous attendons la mort, parce que les morts que nous avons vues nous ont appris que nous étions mortels[5].

« Il est bien évident que si l'expérience ne nous avait pas appris que nous sommes mortels, bien loin d'avoir une idée de la mort, nous serions fort surpris à la vue de celui qui mourrait le premier[6]. »

La crainte ou la confiance sont inspirées par la même

---

[1] *Essai sur l'origine,* p. 9.
[2] *Art d'écrire,* p. 425.
[3] *Art de penser,* p. 215.
[4] *Grammaire,* p. 81.
[5] *Traité des sens,* p. 330.
[6] *Essai sur l'origine,* p. 122.

loi. Elle trouve aussi son application dans les événements heureux ou malheureux, qui nous sont brusquement rappelés « the touch of a vanished hand, the sound of a voice that is stilled ». Mais il dit qu'il y a deux sortes d'association : « Quelquefois elles sont volontaires et d'autres fois elles ne sont que l'effet d'une impression étrangère. » Ces dernières, dit-il, sont si bien cimentées qu'il nous est impossible de les détruire ; on les croit volontiers *naturelles*[1].

Naturellement, ces associations sont plus ou moins fortes suivant que les observations sont plus ou moins bien faites et avec soin. Ainsi donc, il fonde l'association sur la sensation. En parlant de cette loi en rapport avec les livres écrits pour l'éducation, il dit : « Dans l'étude de l'histoire, la suite des faits retrace le temps confusément ; la division de la durée en siècles, en années, en mois, en donne une idée plus distincte ; enfin, la liaison de chaque événement à son siècle, à son année, à son mois, nous rend capables de les parcourir dans leur ordre. Cet artifice consiste surtout à se faire des époques[2]. »

Mais ce n'est pas seulement dans son histoire que Condillac insiste sur cette liaison, mais ses ouvrages, *L'Art d'Écrire* et *L'Art de Penser*, contiennent ce seul principe (nous croyons pouvoir le dire) : soyez attentifs à cultiver l'association des idées. Ici nous sommes obligé de citer cette phrase de lui qui si souvent a été critiquée : « Au reste, l'art de parler, l'art d'écrire, l'art de raisonner et l'art de penser ne sont, dans le fond, qu'un seul et même art. En effet, quand on sait *penser*, on sait *raisonner* ; et il ne reste plus, pour bien parler et pour bien écrire, qu'à parler comme on pense et à écrire comme on parle[3]. »

[1] *Essai sur l'origine,* p. 120.
[2] *Traité des sensations,* p. 332.
[3] *Discours préliminaire,* p. XXXVI.

S'il y a une chose dans la méthode de Condillac en éducation qui, plus que toute autre, apparaisse en pleine lumière, c'est l'importance qu'il attache à cette loi. S'il y a quelque chose de parfaitement réglé et fait pour s'accorder admirablement à sa philosophie, c'est cette même loi. Il commence par forcer le prince à associer ses premières idées, sur les sujets les plus communs, avec les autres idées, ce fut pour lui suggérer les unes et les autres. Alors, sur ces deux chaînons bien unis, il forge le troisième chaînon en étudiant l'enfance des peuples et il compte sur l'association des idées pour relier ces faits à ceux qui ont déjà été appris. Il explique ensuite la cause des progrès et du recul des nations, les fautes qu'elles ont commises et les erreurs qui ont marqué leurs actions.

Derrière cette méthode apparaît le caractère de l'homme. Il fut un de ces rares esprits qui, comme Coménius, eurent une conviction absolue dans l'harmonie des choses. Chaque objet individuel, non moins que l'ensemble cosmique, est dynamique ; chaque objet est un organisme, croissant de la graine à la fleur et au fruit. Le fruit rappelle la fleur et la fleur rappelle la graine, mais aussi la graine rappelle la fleur et la fleur rappelle le fruit. Croyant cela, il en résulte que si quelques-unes de ses déductions ne sont pas toutes de fantaisie, elles sont étendues trop loin. Cela est surtout vrai dans certaines déductions de la *statue,* mais le plus souvent, pourtant, il raisonne avec plus de justesse.

D'ailleurs, comme l'on peut s'y attendre, il n'y a point de place dans la philosophie de Condillac pour les idées innées chez les hommes, pas plus que pour l'instinct des animaux. Il les attribue aussi à des liaisons d'idées. Au sujet des idées innées il dit : « Les philosophes considèrent l'homme lorsqu'il a déjà acquis beaucoup de connaissances, et voyant qu'alors il a des idées indépendamment des sensations actuelles, ils n'ont pas vu

que ces idées n'étaient que le souvenir des sensations
précédentes ; ils ont conclu, au contraire, que les idées
avaient toujours précédé les sensations[1]. » Il parle d'une
manière vague et imprécise de l'idée du langage comme
pouvant être innée, mais il décide, en dernier lieu, dans
sa discussion : « Il n'y a donc point d'idées innées[2]. »

Quant aux animaux, dit-il : « L'animal se fait une si
grande habitude de parcourir ses idées qu'il s'en retrace une longue suite toutes les fois qu'il éprouve un
besoin qu'il a déjà ressenti. Il doit donc uniquement la
facilité de parcourir ses idées à la grande liaison qui est
entre elles. »

Ainsi ce que nous appelons « idée innée » chez les
hommes et « instinct » chez les animaux, Condillac le
réduit à une seule et même chose.

Ses idées sur la raison sont certainement originales.
Ce n'est pas une faculté devant laquelle il s'arrête ef-
frayé comme M. Cousin, dans le respect religieux de
son mystère. Il ne prétend pas que la raison soit en-
chaînée avec les idées innées ou qu'elle ne doive se
trouver que renfermée dans ces mêmes seules idées. Il
considère la raison comme la dernière étape de l'évolution mentale. Pour former la raison, toutes les facultés
de l'esprit doivent entrer en jeu. Cependant, il pense
que la raison n'est pas infusée à un moment donné, à
ce moment communément appelé « l'âge de raison ».
Il ne peut pas supporter l'idée de cette doctrine qu'il
y a « dans la vie un moment où la raison que nous n'a-
vions pas auparavant nous est tout à coup infusée »,
parce qu'il ne voit point de différence dans le raisonnement de l'enfant qui apprend à parler et celui de Newton qui découvrit les lois de la gravité. Mais, selon lui,
toutes choses viennent de l'une de ces trois divi-

---

[1] *Traité des sensations,* p. 230.
[2] *Logique,* chap. III.

sions : suivant la raison, contre la raison ou au-dessus
de la raison. Maintenant comme la raison est née aussi
de la sensation, il s'ensuit que ce qui est « *suivant* la
raison » est ce sur quoi l'esprit est capable de travailler ;
ce qui est *contre* la raison, c'est quand cela se trouve
hors des sensations, et ce qui est au-dessus de la raison,
c'est ce qui ne peut s'accorder avec des expériences antérieures [1].

C'est ainsi que nous le trouvons basant son instruction dès le commencement sur la raison pure et simple.
C'est ainsi que ses ouvrages abondent en déductions logiques et en raisonnements les plus subtils. C'est cette
même conception de la raison qui a été soutenue par
Herbert Spencer et mentionnée par M. Dewaule.

Selon Condillac, la seule différence qui existe entre
l'instinct et la raison est celle-ci : la raison est consciente
et l'instinct est inconscient. L'une fait appel à toutes
les facultés de l'esprit, l'autre n'en réclame aucune.

. Comme le sujet de l'habitude tient une si grande
place dans son système d'éducation, il serait bon de voir
quelles furent ses idées en philosophie sur l'habitude.
Nous trouvons ces idées principalement dans sa logique, traité des animaux, art de penser et traité des sensations. Nous avons vu qu'il faisait une distinction
entre la raison et l'instinct, en appelant la première
consciente et l'autre inconscient[2]. Il dit que l'habitude
se distingue de l'instinct seulement en ce que l'instinct
est privé de la réflexion[3]. Il définit l'habitude comme la
facilité de répéter ce qu'on a fait, et cette facilité s'acquiert par la réitération des actes. Il attache une grande
importance au rôle que l'habitude joue dans la vie d'un
homme, non seulement dans sa vie physique, mais aussi

---

[1] *Essai sur l'origine*, p. 142 ; cité par Dewaule, p. 113.
[2] *Traité des animaux*, p. 555.
[3] *Traité des sensations*, p. 64.

dans sa vie morale. Il attribue la différence apparente des capacités intellectuelles à la différence suivant laquelle les hommes ont acquis les diverses associations d'idées. C'est pourquoi il nous dit qu'il prend un grand soin « de faire prendre à son élève de bonnes habitudes d'esprit, de lui donner, par conséquent, des idées de bien des espèces, de l'accoutumer à les lier et de le garantir des fausses liaisons [1] ».

Mais ses remarques sur ce sujet s'étendent même à la littérature, à la vertu et au vice. La vertu et le vice ne sont, selon lui, que les habitudes des bonnes ou des mauvaises actions. C'est sur ce point que son disciple Helvétius a encouru la condamnation de Voltaire et de Rousseau. Acceptant la théorie de l'habitude et de la sensation de Condillac, il est allé jusqu'à l'extrème limite en disant qu'il n'y a point de liberté parce que la passion est l'origine de l'activité. Il soutenait aussi qu'il n'y a point de force d'intelligence parce que l'intelligence supérieure de l'homme reste dans l'homme physique et que celui-ci ne se trouve fort que par accident. Mais ce disciple étourdi disait même qu'il n'y a point de vice ou de vertu parce qu'ils dépendent de l'habitude et l'habitude dépend de la sensation qui est toujours variable [2]. Il est intéressant de noter cette remarque de Condillac : « Il y a, en quelque sorte, deux *moi* dans chaque homme, le *moi* d'habitude et le *moi* de réflexion. Il emploie cet exemple pour faire comprendre sa pensée: lorsqu'un géomètre est fort occupé de la solution d'un problème, les objets continuent encore d'agir sur ses sens. Le moi d'habitude obéit donc à leurs impressions : c'est lui qui traverse Paris, qui évite les embarras, tandis que le moi de réflexion est tout entier à la solution qu'il cherche [3]. »

---

[1] *Cours d'études,* : *Disc. prél.,* p. XXLV.
[2] *Œuvres publiées,* 1700, cité par Dewaule.
[3] *Traité des sensations,* p. 151.

Mais, en employant cet exemple pour faire comprendre l'habitude, il semble réellement que Condillac ait oublié sa définition du mot « l'instinct n'est que l'habitude privée de réflexion ». Dans l'exemple du géomètre, c'est le moi d'habitude qui est placé en regard du moi de réflexion.

Naturellement, dans sa philosophie, il n'y a point de place pour l'hérédité. Pour lui l'hérédité ne peut exister si ces idées sur l'habitude sont vraies. Il réduit tout ce qui est ordinairement appelé hérédité à une sorte d'évolution de l'habitude : « Chacun apprend des autres, chacun ajoute à ce qu'il tient de sa propre expérience.... ainsi, de génération en génération, l'homme accumule connaissances sur connaissances[1]. » Cette doctrine de sa philosophie est peut-être l'une des principales de sa pédagogie. « Une science bien traitée n'est qu'une langue bien faite[2]. »

C'est sur cette idée qu'est basée sa philosophie appliquée au langage. Sa doctrine sur ce sujet était entièrement neuve à son époque. Il rompt avec l'école qui acceptait le langage comme un don direct et tout à fait propre à l'homme et il le réduit à une évolution systématique et aussi bien définie que l'évolution de l'art.

Pour établir cette évolution, il a écrit l'ouvrage : *L'Essai sur l'Origine*. Il y fait des allusions au temps où les hommes et les animaux possédaient en commun un langage, celui de l'action. Les animaux et les hommes, au commencement, n'eurent pas de langage, mais une sorte de cri, que l'on peut considérer simplement comme une action réflexe. A ce cri se trouvait ordinairement lié un mouvement quelconque. L'homme, à la fin, profita de ce mouvement qui s'effectuait en même temps que son cri et il se mit à repro-

---

[1] *Traité des animaux*, p. 620.
Traité des systèmes, p. 101.

duire volontairement ce cri et ce mouvement. Pour
indiquer un certain objet, l'homme apprit bientôt à
reproduire un certain son et à indiquer par un geste
cet objet. C'est ce que Condillac appelle « le langage
des signes ». Peu à peu, les cordes vocales, qui avaient
été d'abord dures et sans souplesse, furent amenées
par la pratique au degré où elles pouvaient émettre des
sens articulés ; les gestes furent éliminés et l'homme
put commencer à exprimer un certain objet au moyen
d'un certain son. La tendance à l'imitation naturelle
à l'homme (c'est une disposition que Condillac considère presque comme innée) a bientôt fixé ces sons dans
l'esprit. Il soutient que ce qui reçut d'abord un nom
ce furent d'abord les animaux, parce que les hommes
avaient besoin de leur donner des noms définis afin de
pouvoir se porter mutuellement secours dans leurs
luttes contre ces ennemis. Puis les hommes nommèrent
ce qui leur tombait directement sous les sens. Ensuite
ils donnèrent un nom aux objets plus complexes et
alors vinrent les adjectifs. Les adverbes furent formés
pour exprimer les qualités des objets déjà connus. Les
verbes furent trouvés ensuite (c'est le verbe qui fut
employé le plus tard à cause de la difficulté à donner
un nom aux opérations de l'esprit). Puis vinrent les
mots abstraits : « Il n'y a pas de substantif abstrait qui
ne dérive de quelque adjectif ou de quelque verbe[1]. »

Et, en dernier lieu, apparurent les particules du langage ainsi que les pronoms. Condillac explique pourquoi les pronoms vinrent en dernier lieu. C'est que :
« Les esprits, dans l'habitude de réveiller à chaque fois
une même idée par un même mot, avaient de la peine
à se faire à un nom qui tenait lieu d'un autre et quelquefois d'une phrase entière[2]. »

---

[1] *Essai sur l'origine,* p. 373.
[2] *Ibid.,* p. 372.

Il n'oublie pas les conditions auxiliaires qui entrent dans la formation d'un langage, comme le climat, etc. Si nous passons de cette petite notice qui traite du langage dans sa philosophie à sa grammaire, nous trouverons les mêmes principes ; ils sont exposés dans sa grammaire générale, qui précède sa grammaire particulière. Citons quelques chapitres : « Du langage d'action ; Considérations générales sur la formation des langues et sur leurs progrès ; En quoi consiste l'art d'analyser nos pensées ; Les langues considérées comme autant de méthodes analytiques, etc. »

Mais la religion a sa part dans le système d'éducation de Condillac, et il nous faut avoir quelques idées sur sa philosophie traitant le même sujet. Il attribue l'idée de Dieu à une association d'idées et non à une intuition. Il soutient qu'une connaissance définie de la nature de Dieu nous est impossible, parce que « nous ne pouvons pas plus connaître la nature de Dieu que celle de l'esprit et du corps [1] ».

Quoique l'argument principal de plusieurs philosophes en faveur des idées innées repose sur cette intuition de Dieu, Condillac dit que la nature même de cet Être existant le cache à nos regards. Il réduit l'idée de Dieu à la même analyse rigide qui caractérise tous ses écrits ; le résultat de cette analyse fait que nous arrivons à une cause « et cette cause nous la nommons Dieu ». La même investigation qui nous fait remonter à ce premier principe dans l'analyse physique nous conduit aussi à reconnaître un premier principe dans l'analyse de l'esprit. « Comme nous avons jugé que le mouvement a une cause, parce qu'il est un effet, nous jugeons que l'univers a également une cause, parce qu'il est un effet lui-même [2]. »

---

[1] *Traité des systèmes*, p. 57.
[2] *Logique*, p. 51.

En allant plus loin de la cause à l'effet, nous exerçons les facultés que nous avons acquises par la sensation, et c'est pourquoi notre idée de Dieu doit être nécessairement toujours imparfaite. Ce qui touche à l'esprit ne peut être clairement saisi par nous, parce que nous sommes limités à la sensation de nos impressions. C'est là l'objet de sa leçon préliminaire « comme nous nous élevons à la connaissance de Dieu[1] », pour fixer ces principes dans l'esprit de son élève.

Pour représenter ceci, il compare l'univers à une montre. Il fait voir que le mouvement d'un rouage dépend du mouvement d'un autre et que ce mouvement de chaque rouage devient, à son tour, une cause et un effet; en se rapportant au mouvement que ce rouage reçoit, c'est un effet; en se rapportant au mouvement que ce rouage donne, c'est une cause, et ainsi, « depuis le mouvement du premier ressort jusqu'à celui de l'aiguille, il y a une suite de mouvements qui sont tout à la fois effets et causes sous différents rapports.

Mais, allant plus loin encore, nous devons nécessairement arriver à la place où il y a une cause qui donne le mouvement initial. C'est l'horloger, et « s'il n'y avait point d'horloger, il n'y aurait point de montre ». De même en faisant une procession de cartes, quand la première tombe, toutes les autres cartes tombent. La chute de la première est la cause de la chute de la seconde, la chute de la seconde est le résultat de celle de la première et la cause de la troisième, etc.[2]

De cette manière, l'idée de Dieu était réduite à une causalité fort semblable à la doctrine soutenue par M. Bain : « La question de l'existence de la divinité ne doit pas être discutée sous la forme pure de l'existence. Elle revient à se demander s'il y a une première cause

[1] Leçons prél., p. CXV.
[2] Précis des leçons préliminaires.

de l'univers et si cette cause se manifeste sans cesse par
des actes providentiels [1].»

Quant aux attributs de Dieu, nous ne pouvons les
déduire que par analogie. Nous ne pouvons mesurer
ses actes que par les modèles que nous avons créés. Et
si nous faisons ainsi, nous mesurons le pouvoir et la
puissance de Dieu à notre propre puissance et à notre
pouvoir. Condillac écarte la création en peu de mots :
Le *principe* qui arrange toutes choses est le même que
celui qui donne l'existence. Voilà la création. Elle n'est,
à notre égard, que l'action d'un premier principe, par
laquelle les êtres de non-existants deviennent exis-
tants. Nous ne saurions nous en faire une idée plus
parfaite [2]. »

Mais, quoique nos idées sur Dieu soient nécessairement limitées et quoique la cause opère sur la cause,
cela cependant ne doit pas détruire notre foi en Lui. Les
actes moraux ne sont pas les moins réels et leur origine
n'en est pas moins divine. Condillac ne croyait pas que
le code moral ait été donné tout préparé aux hommes,
pas plus que ne l'a été le langage. La vertu consiste
non pas dans l'observation de telle ou telle loi, mais
dans l'habitude de faire de bonnes actions. Cette habitude ne vient pas accidentellement. L'observation de la
loi n'est pas la vertu, mais le résultat de la vertu. Les
hommes sont arrivés à connaître qu'il fallait se secourir
mutuellement. Ils ont été placés dans le besoin qui les a
forcés à ne pas considérer seulement leur propre intérêt,
mais l'intérêt plus élevé de tous leurs semblables, et
c'est à cause de cela qu'ils ont permis ou défendu certaines choses. Le jour et l'heure où ce sentiment s'est
élevé, la morale est née.

« Les hommes conviennent de ce qui sera permis ou
défendu, et leurs conventions sont autant de lois aux-

[1] Bain, *Logique*, p. 157.
[2] *Traité des animaux*, p. 573.

quelles les actions doivent être subordonnées; c'est là
que commence la moralité [1]. »

Cependant, les circonstances et les besoins qui se
sont servis de nos facultés pour former la loi morale
ne sont pas venus par hasard. Dieu nous a donné les
facultés; il a créé les besoins, et quoique la loi divine,
dans ce sens, soit d'origine humaine, cependant dans
son sens le plus large elle a son origine dans la grandeur de Dieu.

Il semblerait d'après cela que Condillac réduit toutes
les lois à une origine commune. Toute loi a son origine dans la nécessité et, grâce à cette opinion, nous
pouvons comprendre sa définition de la vertu et du vice.
Selon lui, toute loi opérerait sévèrement sur une seule
classe d'hommes: ceux qui doivent être châtiés par ces
lois. Il y aurait une classe de gens vertueux hors d'at-
teinte de cette loi, parce que l'habitude des bonnes
actions est au-dessus des lois.

Enfin, en résumé, les actes moraux ont leur origine
dans les habitudes et les habitudes ont leur origine dans
la nécessité, mais la nécessité elle-même vient de la
Providence. C'est, en effet, une conception de haute
morale, très éloignée du fatalisme ou du sentimenta-
lisme, et digne d'un tel auteur. Dans tous les ouvrages
écrits pour le prince nous retrouvons ce même principe, obscur quelquefois, mais qui se révèle toujours à
la suite d'une réflexion sérieuse.

Il n'entre point dans les limites d'une étude comme
celle-ci de vouloir discuter encore sur la doctrine de
Condillac au sujet des idées universelles, etc.

On pourrait trouver sa doctrine presque littéralement
reproduite dans la philosophie de Stuart Mill et Herbert
Spencer, ou si l'on veut lire ces doctrines et leur discussion, on pourrait les trouver chez Cousin ou chez
M. Dewaule.

[1] *Traité des animaux*, p. 587.

VU ET LU.

A Grenoble, le 15 mai 1903.

Le Doyen de la Faculté des Lettres
de l'Université de Grenoble,

J. DE CROZALS.

VU ET PERMIS D'IMPRIMER.

Grenoble, le 16 mai 1903.

Le Recteur,
JOUBIN.

TABLE ANALYTIQUE DES MATIÈRES

PREMIÈRE PARTIE

La doctrine d'éducation de Condillac

DEUXIÈME PARTIE

Origines des doctrines pédagogiques de Condillac

TROISIÈME PARTIE

———

La doctrine philosophique de Condillac

Grenoble, imprimerie ALLIER FRÉRES
26, cours de Saint-André, 26

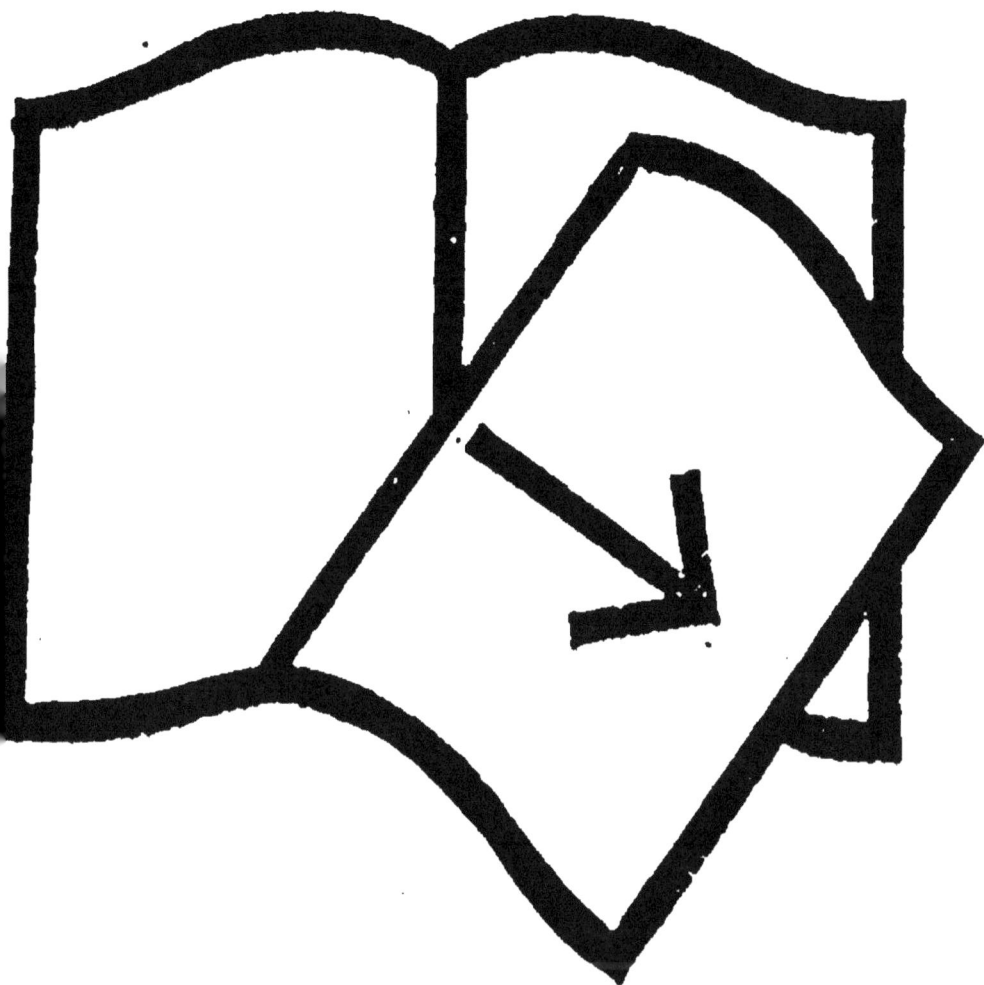

Documents manquants (pages, cahiers...)
NF Z 43-120-13

www.ingramcontent.com/pod-product-compliance
Lightning Source LLC
Chambersburg PA
CBHW050022100426

42739CB00011B/2754